外显与内隐权威合法性
在集体行动中的作用机制研究

◎ 杨林川　著

知识产权出版社
全国百佳图书出版单位
—北京—

图书在版编目（CIP）数据

外显与内隐权威合法性在集体行动中的作用机制研究/杨林川著. —北京：知识产权
出版社，2023.6

ISBN 978-7-5130-8730-8

Ⅰ.①外…　Ⅱ.①杨…　Ⅲ.①管理心理学　Ⅳ.①C93-051

中国国家版本馆 CIP 数据核字（2023）第 069045 号

责任编辑：韩婷婷　王海霞　　　　　**责任校对：**潘凤越
封面设计：北京乾达文化艺术有限公司　**责任印制：**孙婷婷

外显与内隐权威合法性在集体行动中的作用机制研究

杨林川　著

出版发行：	知识产权出版社有限责任公司	网　址：	http://www.ipph.cn
社　　址：	北京市海淀区气象路 50 号院	邮　编：	100081
责编电话：	010-82000860 转 8359	责编邮箱：	176245578@qq.com
发行电话：	010-82000860 转 8101/8102	发行传真：	010-82000893/82005070/82000270
印　　刷：	北京中献拓方科技发展有限公司	经　销：	新华书店、各大网上书店及相关专业书店
开　　本：	720mm×1000mm　1/16	印　张：	12
版　　次：	2023 年 6 月第 1 版	印　次：	2023 年 6 月第 1 次印刷
字　　数：	180 千字	定　价：	68.00 元

ISBN 978-7-5130-8730-8

本书为教育部人文社会科学研究青年基金项目"外显与内隐权威合法性在线下和线上集体行动中的作用机制"研究成果。

随着我国进入社会转型加速期，社会稳定面临诸多挑战，"群体性事件"屡见不鲜。2015 年，时任中共第十八届中央纪律检查委员会书记王岐山首次在公开场合论述权威合法性问题，权威合法性作为保证社会和政治系统稳定的关键因素得到了国家及社会各界的重视。权威合法性是一种使个体感知到有义务服从权威及其决策的信念，而"群体性事件"是指发生在中国社会中的针对当地党政部门或强势集团的集体行动，权威合法性在集体行动中的作用机制值得关注。西方社会学家和心理学家从不同的视角对权威合法性开展了一系列研究，并在现阶段逐渐尝试将权威合法性扩展至社会层面，以满足由全球化带来的维护社会稳定及提高社会治理能力的需求。为了适应社会层面的研究需求，一些研究者提出了针对社会层面的权威合法性的测量工具，并对权威合法性的作用机制和管理策略进行了实证研究，但并未关注其在影响社会稳定的典型现象——集体行动中的作用机制，也从未对其在新兴的线上集体行动中的作用进行探索。虽然内隐社会认知研究成果为政治行为的研究带来了新的视角和结论，但新的外显测量方式也无法解释内隐态度如何影响政治行为的结果，而集体行动领域也在期待内隐社会认知研究对该领域进行新的探索。这需要研究者关注外显与内隐权威合法性的关系以及两者在集体行动中的作用机制，而后才有可能有针对性地研究在中国背景下对何种权威合法性进行管理以及如何进行管理的策略。为了回答这一系列理论和现实问题，本书设计了五个实证研究，考察了外显与内隐权威合法性的关系，并以此为基础检验了两者在跨情境集体行动中的心理机制，最后尝试探讨通过社会公正管理权威合法性的方式。

第1章简要介绍了本书的研究背景。

第2章首先对权威合法性的定义、研究意义、研究历史和理论视角进行了全面的回顾，认为现阶段研究社会层面的权威合法性，其目的是使社会管理者更好地应对百年未有之大变局所带来的挑战。随后，回顾了内隐社会认知、权威合法性和集体行动的相关研究，认为可以从内隐社会认知视角研究权威合法性，运用 SC-IAT 测量个体的内隐权威合法性感知，尝试验证内隐权威合法性这一概念，并基于集体行动的动态双路径模型探索在中国背景下，权威合法性在线上和线下集体行动中的作用。

第3章根据第2章的文献综述分析了当前在社会层面权威合法性存在的一系列问题和不足，并提出了整体研究思路，计划通过3章、5个子研究来完成对外显与内隐权威合法性关系的探索，进而验证和探索在线上和线下集体行动中，外显与内隐权威合法性在群体相对剥夺与集体行动意愿之间的关系中是否存在不同的调节作用。

第4章首先探索了内隐权威合法性与外显权威合法性的关系，拓展了权威合法性的概念结构。本章采用修订后的外显单维量表以及改编的 SC-IAT 方法测量了全国516名成年人的外显与内隐权威合法性，结果发现，外显权威合法性测量的信效度较为良好，SC-IAT 的分半信度较高；内隐效应显著，说明权威合法性存在内隐层面；外显与内隐权威合法性不相关，所以外显与内隐权威合法性相互分离，而且在内隐层面上，人们感觉应该服从地方政府。

第5章、第6章在第4章的基础上，通过4个情境实验探索了在中国背景下，外显与内隐权威合法性在维护社会稳定中的作用——在群体相对剥夺与集体行动意愿间关系中的调节作用。首先关注了传统的线下集体行动，探讨

了外显与内隐权威合法性在双路径模型的愤怒路径中的调节作用。子研究 2
招募了 126 名大学生进行实验，在采用已有研究的范式操纵权威合法性和群
体相对剥夺后，测量了群体愤怒和线下集体行动意愿。子研究 3 招募了 121
名大学生进行实验，在测量内隐权威合法性后操纵群体相对剥夺，然后测量
相同的变量。结果发现，在线下集体行动中，外显权威合法性和内隐权威合
法性均可以调节群体相对剥夺对集体行动意愿的作用，而且该调节效应通过
双路径模型中的愤怒路径来中介。其次，研究者关注了线上集体行动。子研
究 4 招募了 197 位市民进行实验，在对范式进行改编，并操纵权威合法性和
群体相对剥夺后，测量了群体愤怒、群体效能和线上集体行动意愿。子研究 5
招募了 184 位市民进行实验，在测量内隐权威合法性后对群体相对剥夺进行
操纵，然后测量相同的变量。结果发现，线上集体行动的双路径模型得到了
验证，内隐权威合法性可以调节群体相对剥夺对集体行动意愿的作用，而且
该调节效应通过双路径模型中的愤怒路径来中介，但外显权威合法性不能调
节群体相对剥夺对集体行动意愿的作用。该结论证明了外显与内隐权威合法
性在集体行动中的作用机制并不一致。

　　第 7 章结合权威合法性的理论与研究、内隐社会认知理论、动态双路径
模型，讨论了本书的相关研究结果。

　　综上，本书从管理心理学的角度研究权威合法性，所有研究建立在权威
合法性概念扩展的基础上，通过一系列实证研究验证权威合法性在跨情境集
体行动中的心理机制，不仅证实了权威合法性在中国背景下的有效性，也阐
明了内隐权威合法性的独特价值。

目录

研究背景

随着我国进入社会转型加速期，社会稳定面临诸多挑战。习近平总书记在党的十八届四中全会上指出，我国"改革进入攻坚期和深水区，国际形势复杂多变，我们党面对的改革发展稳定任务之重前所未有、矛盾风险挑战之多前所未有"❶。其突出的表现就是群体性事件数量增加。中国社会科学院法学研究所的《中国法治发展报告（2014）》显示，2000年1月1日—2013年9月30日，发生在中国境内、规模在百人以上的群体性事件有871起，其中2010—2012年是群体性事件的高发期。王二平（2012）认为，群体性事件是发生在中国社会中针对当地党政部门或强势集团的对抗性冲突，是一种典型的集体行动。已有的社会心理学研究表明，如果不能有效地消解或引导集体行动，目标更明确、组织程度更高的社会运动（social movement）或社会革命就有可能发生（Tajfel，1982；Van Stekelenburg and Klandermans，2010）。而相关的学术讨论历来强调，要保证社会和政治系统的稳定性，关键在于系统内部拥有广泛共识，即权威以及社会制度的合法性（legitimacy）。Kelman（1989）说过，对于民族国家的有效运行至关重要的就是，其意识形态的基本信条能为人民所广泛接受，权威以及社会制度的合法性是国家长治久安的关键。时任中共第十八届中央纪律检查委员会书记王岐山在"2015 中国共产党与世界对话会"上提出"中国共产党的合法性源自于历史，是人心向背决定

---

❶ 中共中央关于全面推进依法治国若干重大问题的决定 [EB/OL]. (2014-10-28). http://cpc.people.cn/n/2014/1028/c64387-25926125.html.

的，是人民的选择"❶，这是国家高层领导首次在公开场合论述合法性问题。无论是从理论视角，还是对政府以及其他社会管理者而言，合法性在我国未来数十年中的高速发展期中都显得格外重要，需要各个学科的学者共同探讨合法性问题以及如何维持和提升合法性，以期使我国顺利度过"经济新常态"时期，最终将中国的改革事业继续进行下去，实现中华民族伟大复兴的中国梦。

对于合法性的研究，心理学领域有一定的研究基础和独特的研究视角。尽管发源于社会学和政治学的研究，但凭借心理学在实证方法上的特殊优势，心理学中一般关注的合法性是权威合法性，即个体的一种信念：相信权威所给出的决定或规则是合理的，人们有义务遵守（Tyler，2006）。心理学家可以直接从个体和群体等角度考察权威合法性对人们行为的影响，得出确切的因果规律。从 Lewin 等（1939）对小群体权威的研究到 Milgram（1975）的电击实验，心理学家在 20 世纪更多地证实了在个体以及小群体层面，权威合法性带来的巨大影响。进入 21 世纪后，全球化进程加快，西方面临社会动荡和民众—政府合作危机，于是，西方研究者开始试图将已有的研究成果引入社会层面进行验证和发展，发掘其作用以提升社会的稳定性，研究其管理策略以推进民众与政府良性互动（Tyler，2006；Tyler and Jackson，2014）。例如，为了推进民众与政府的良性互动，Tyler 和 Jackson（2014）依据群体卷入模型提出了新的权威合法性测量方式。

然而，作为权威合法性研究的代表人物，Tyler（2006）将权威合法性界定为一种信念，将其视为衡量人们与政府合作与否的关键变量，并对权威合法性的影响因素展开研究，但他没有考虑其作为信念可能存在的内隐层面，也并未关注权威合法性对集体行动的作用机制。尽管心理学家以往常常将有关政治行为的过程视作审慎的加工过程，但自 2008 年以来，政治心理学已经开始大量使用内隐社会认知研究政治行为，并取得了丰硕的成果（Gawronski，

---

❶ 王岐山会见出席 "2015 中国共产党与世界对话会" 的外方代表 ［EB/OL］. （2015-09-09）. http://www.gov.cn/xinwen/2015-09/09/content_2927979.htm.

Galdi，and Arcuri，2015）。其中就包括一些内隐态度与政府合作行为的研究，例如，Rudman 等（2013）证实了极端天气的亲身经历能提高人们对政府环保政策的内隐态度的积极程度，然后预测其支持政府政策的行为。同时，合法性对社会稳定作用最重要的表现之一就在于对集体行动的作用，而集体行动领域的研究者已经指出，对内隐态度和信念在集体行动中的作用亟待开展研究（Van Stekelenburg and Klandermans，2010），以发掘自发性加工与有意加工对个体参与集体行动的影响。

集体行动，在我国更多地被称为群体性事件，尽管其发生一直以来都被认为与权威合法性有关，如 Grant（2008）通过横向研究证实了以上的分析，即导致群体不利的权威合法性起到了调节作用。也有研究者表示，当群体被歧视的权威合法性高时，群体就更可能放弃群体抗争（Jetten，Schmitt，Branscombe，et al.，2011）。但很少有人直接研究权威合法性的作用，而在我国，导致群体不利的决策多数是由权威提出的，所以，研究权威合法性可能要比研究群体间不利的合法性更有意义。另外，线上集体行动在"阿拉伯之春"出现后，也被全世界研究者所关注。现阶段通过改进集体行动的传统研究方法，使关于线上集体行为的研究得以开展，但依然没有研究涉及权威合法性的作用。

那么，权威合法性是否存在内隐层面？外显权威合法性在集体行动中的作用是什么，其能够起到社会稳定剂的作用吗？内隐权威合法性是否能在集体行动中起到类似的作用或者更加特别的作用？为了解答这些问题，本书从内隐社会认知和管理心理学的视角出发，以实验室研究为主，在验证内隐权威合法性的基础上，重点探索权威合法性在集体行动心理机制中的作用。

/ 2 /

文献综述

2.1 权威合法性

2.1.1 权威合法性的定义

权威合法性是一个源于社会学的概念。人们普遍认为，可以通过获得权力（power）来控制和影响他人。然而，亚里士多德和柏拉图等早期社会学家就发现，权力这种通过惩罚或奖励他人而控制他人的能力往往成本极高且效率不高。一旦处于社会资源匮乏的情境或处于危机和冲突之中，权力的这种作用就难以发挥。因此，政治学和社会学的经典观点是，为了更加有效地行使权威，当权者必须让每一个人信服其管理和所做的决定都是"理所应当的"（Walker and Zelditch，1993）。这就是合法性的核心概念，即一种信念：权威所给出的决定或规则是合理的，人们有义务遵守。这种信念使人们自愿地服从具有合法性的权威和规则（King and Lenox，2000；Tyler and Huo，2002）。

心理学家将合法性界定为一种使人认为权威的决定、规则及社会制度是恰当的、合理的、公正的信念（Tyler，2006）。最初合法性被认为是一种由"应该"（should）、"应当"（ought to）的感受——可能通过"内在的规范或价值观"的形式诱发的社会影响（French，Raven，and Cartwright，1959）。Kelman 和 Hamilton（1989）认为，当权威具备合法性时，"服从上级命令的义务"将取代个人道德，即个体允许权威规定特定情境下的恰当的行为边界，于是将合法性定义为"授权"。Suchman（1995）认为，合法性是一种广义上的感知或心理假设，这种感知将某个社会实体的行为视为可取的、合理的、适当的，符合社会系统中的相应规范、价值观或信仰。Hurd（1999）则认为，合法性就是让人们感知到有义务自愿服从"另一方"——权威、机构与社会制度。

将已有的心理学和其他学科关于合法性的理论观点整合起来，合法性可分为不同类型（Tost，2011），可以根据不同的分类标准对其进行分类。一种分类方式是将合法性分为群体层面（collective level）的合法性和个体层面（individual level）的合法性。所谓群体层面的合法性，是指某个群体对社会实体（如权威、制度等）合法性的整体感知，是该群体对社会实体合法性的一种共识，该层面对应的是社会学中常使用的 Weber（1978）所定义的合法（validity）。而个体层面的合法性，是指个体对于社会实体（如权威、制度等）的合法性的感知（Tost，2011）。不过也有研究者认为，这两种层面的合法性其实是一致的，因为权威合法性更应是一种群体过程，而不应仅作为一种个体变量发挥作用（Walker and Zelditch，1993）。另一种分类方式则是根据合法性指向的不同，将其分为内部合法性和外部合法性，内部合法性是指群体间不平等地位的合法性，外部合法性是指社会实体（包括权威、规则、社会安排以及社会系统）的合法性（Guinote and Vescio，2010）。从 20 世纪末开始，社会心理学家吸收了社会学的相关理论，将个体层面的合法性应用到关于权威（包括领导、政府或法律等）、权威制定的规则或程序、社会制度（如法律）以及群体间不平等的研究当中，即分别对应外部合法性和内部合法性（Guinote and Vescio，2010；Tost，2011）。其中研究最多的是社会中各类权威或社会制度的合法性。

本书参考 Tyler（2006）的定义，将权威合法性定义为一种使人认为权威（包括领导、政府或法律等）的决定、规则是恰当的、合理的、公正的信念，属于内部合法性。需要特别说明的是，权威合法性包括两个方面：其一，权威获得地位是合理的；其二，权威所做的决策或制定的规则是合理的（Tyler，

2006)。

权威合法性的操作性定义在已有的研究中一般分为四种（Tyler and Jackson, 2014; Toorn, Tyler, and Jost, 2011）：①测量个体对权威及权威所做出决策的服从程度；②测量个体对权威及权威所做出决策的信任程度；③测量个体对权威自行决定合理行为的授权程度；④测量个体与权威的价值观一致性程度，即规范一致性（normative alignment）。以上权威合法性的操作性定义被运用于不同情境下的权威合法性研究中。前三种定义的应用较为广泛，均是研究者根据已有的理论观点提出的，其中第一种是传统的操作性定义，在法律权威中使用的典型的测量方式是第二种和第三种（Tyler and Jackson, 2013）定义。值得关注的是，第二种定义与权威信任的操作性定义相一致，所以两者的测量方式几乎相同（Tyler and Huo, 2002）。在该研究中，权威信任被定义为人们在多大程度上相信权威关心他们的利益并做出符合他们利益的行为。权威信任是垂直信任的一种，产生于层级人际关系之中，包括家庭、组织、国家等。其中政治信任（political trust）指的是民众对于政府的信心，即相信其会制定符合民众利益的政策，并做出符合民众预期的决策（Levi and Stoker, 2000）。以上权威信任定义中的权威所属的社会实体的范围与本书中权威合法性所关注的权威范围一致。第四种操作性定义是研究者根据信任研究中基于认同的信任，运用理论分析和实证研究最新发展而来的（Tyler and Jackson, 2014）。提出该操作性定义的原因在于，以往研究在进行权威合法性测量时，采用的权威信任是基于计算的信任，这类信任容易受损；而基于认同的信任是考察对信任对象的价值观的认同程度，不会受到不公平程度低的事件的影响，只会受到不正确、不公平程度较大的事件的影响（Greenberg and Colquitt, 2013）。该操作性定义测量了权威与成员之间价值观的一致程度，如"一般来说，我和警察对是非的判断是一致的""我和中央政府的利益是一致的"等。该研究还指出，第一种、第二种、第四种测量方式可以作为权威合法性的不同维度来计算，也可以单独使用它们来研究权威合法性，权威信任在一定程度上可以代表权威合法性。需要说明的是，也有研究者从组织领域的研究需要出发，整理了权威合法性的定义，认为可以将权威合法性视作一种判断（Tost，2011），但目前在社会领域中，一般研究者仍将权威合法性视为对权威制定的规则或决定的公正性的判断或感知结果（Côté，2011；Tyler，2006；Toorn，Tyler，and Jost，2011）。

2.1.2 权威合法性的研究意义

现在，无论是社会学家还是心理学家，都认同拥有合法性的权威在行使权力进行管理时会更加有效（Tyler，2006）。不论是个体还是机构的权威，当它们拥有合法性时，就相当于拥有了一种引导人们自愿服从决定、规则和社会制度的资源（Ford and Johnson，1998；French，Raven，and Cartwright，1959），从而节约其他属于集体的资源，使个人或政府权威可以更多地鼓励其需要的行为，社会也因此具备了更多的灵活性，能更好地确保公共秩序。当权威有资格进行管理的信念得到广泛的认可时，这种有利的作用就开始了。Gibson（2004）指出：在一个新的政治体系中，几乎没有其他资源能比合法性更让人渴求。合法性是民主政治体制之"内啡肽"，是民主体制之"润滑油"，当人们不能从政治中获得好处时，它可以缓解或减少无法避免的摩擦；合法性就是忠诚，它是善意之"仓库"，让政府不用担心违背一两次人民的需要就面临管理能力衰退的后果（Gibson，2004）。基于以上的论述，为了巩固权威，当权者建立了许多专门用于获取民意支持的机构，如法院等（Trochev，2004）。

权威合法性研究在社会科学中具有重要意义，许多心理学家对权威合法性的作用开展了相应的研究。人们会在拥有合法性的权威的指示下做出违背个人道德和自身意愿的行为（Milgram，1975）。早期的社会心理学家也认为，权威合法性不仅有助于一般的政治行动的参与（如投票等），更与非一般的政治行为（如抗议示威等活动）密切相关（Levi and Stoker，2000）。由于拥有合法性的权威对人们的行为有着巨大的影响作用（Kelman and Hamilton，1989；Milgram，1975），如何获得合法性就得到了社会学家、政治学家以及社会心理学家的高度重视。尽管许多研究关注了在个体或者小集团背景下权威合法性的获得和作用，但直到进入21世纪以后，学者们才将合法性作为影响大型组织和社会的一个因素来开展研究。其原因在于合法性在不同领域中的效用并未得到验证，过去的研究主要探讨合法性在何时影响人们的思想、情感和行为，但未考虑群体地位合法性在群体关系中的缓冲作用和其在社会制度中构建规范的作用（Tyler，2006）。因合法性研究而获得库利—米德奖的泽尔蒂奇（Zelditch）也认为，权威合法性更应是一种群体过程（collective process），而不应单单作为一种个体变量发挥作用，并认为其提供了一种支持权威并减少反抗不公平群体现状的可能性（Walker and Zelditch，1993；Zelditch，2001）。需要注意的是，国内暂时没有针对合法性的心理学研究，缺乏本土心理学学者对合法性在国内文化环境下作用的验证以及获得方式的探索。所以，现阶段探讨权威合法性在社会层面的获得和应用就具有了理论研究意义。

目前，权威合法性并未出现在我国心理学界的研究当中。因此，在我国研究权威合法性便具有更大的理论意义，即对政治心理学研究的贡献，其可对国内关于学界权威合法性的理论研究进行有力补充。由于政治心理学在国内方兴未艾（国内首届政治心理学研讨会于2011年才得以举行），刚刚进入发展初期的该领域，需要更好地建设本土化的政治心理学，尤其是针对一些基础的政治心理学问题进行研究。而对政治心理学而言，从社会认知角度研究该领域（如政治认知）是目前学科的关注热点，政治心理学的"认知性"趋势非常明确，并日益成为政治心理研究的核心（俞国良，2010）。本书所涉及的社会认知视角下的权威合法性研究和阶层心理学研究正能为该领域提供一些助力。

提高权威合法性，已经成为政府加强国家治理能力的核心关注点之一，具有相当重要的实践意义。在西方政体中，权威合法性的管理已成为各国社会管理者的共识。Weber（1978）的著作就清楚地阐述了政府权威和制度通过"法治"来获得合法性的做法只是获得合理的社会秩序的众多方式之一。尽管这种方式在现代社会很普遍，然而，对于合法性在我国是否有着相同作用这一问题还缺乏一个准确的答案。进行本土化的权威合法性研究，不仅可以对其内部结构、作用机制进行基础性的心理学研究，还能够对合法性在我国的应用有更大的推动作用。同时，在中国文化背景下，如何从心理学视角提出管理权威合法性的有效方法也是一个值得关注的研究点，科学实证研究的结果能为政府和管理者管理权威合法性提供建议，为我国在变革期保持社会稳定提供一种更为优化的可再生资源。

2.1.3 权威合法性的研究历史

当代人们对合法性的研究源于 Weber（1978）的著作。他认为，当相应的社会规范和价值变成个体内部动机系统的一部分时，这种内在动机就能够指导他们的行为——通过某种自我奖励或惩罚的手段。有研究者进一步分析，伴随着相应规范内化为自我动机的情况发生后，他人控制的个体行为就会转化为自我控制（Hoffmann，2005）。也就是说，完成了此类诸如社会价值观内化的人能够进行自我约束，个体会将相关的义务和责任主动地承担起来。这就是一种"义务"，即合法性概念中的关键核心因素，这种义务感能够让个体自愿地服从那些拥有合法性的社会实体（权威和社会规则）（King and Lenox，2000；Tyler and Huo，2002）。在这种情形下，人们认为这些社会实体与其行为和决策是合法的，需要主动地服从。

无论是在哪个历史时期、在何种社会，合法性总会以不同的形式存在。对现代民族国家而言，一种具有合法性的意识形态的组成需要一套正当的理由或"合法化的神话"（Pratto，Sidanius，Stallworth，et al.，1994）。当合法的意识形态存在并被接受的时候，社会系统以及系统内的权威和机构都会被处于该社会系统中的人认为其在该社会系统的规范、道德或制度上是合理的。从 Weber 的一系列著作可以明确，关于合法性意识形态的经典划分存在三种类型（尽管表面上是建立在对权威分类的基础上）：第一种是"传统型权威"，该类型是建立在对社会习俗（惯例）和价值观的尊重的基础上的合法性；第二种是"魅力型权威"，该类型是建立在对某一权威的行为或人格的忠诚的基础上的合法性；第三种则是"法理型官僚权威"，该类型是建立在对制定和解释规则或其他相关程序的认可的基础上的合法性（Tyler，2006；Weber，1978）。

合法性概念的提出为美国社会心理学的学科发展做出了重要贡献，许多心理学家开始关注权威合法性这一变量。经典的心理学研究证实，人们会在拥有合法性的权威的指示下做出违背个人道德和自身意愿的行为（Milgram，1975）。另一项早期研究分析了服从性犯罪（crime of obedience）的原因就在于个体给予合法性权威制定行为边界的授权，从而被权威引导进行不道德的行为，如士兵听命于指挥官而执行了大屠杀等（Kelman and Hamilton，1989）。北美的早期研究者通过对调查数据的分析发现，权威合法性和参与群体运动呈负相关关系（Worchel，Hester，and Kopala，1974）。

由于拥有合法性的权威对人们的行为有着巨大的影响，如何获得合法性就得到了社会学家、政治学家以及社会心理学家的高度重视。权威合法性的动力学研究表明，合法性可以通过领导的风格来获得，同样，民主管理在合法性的建立和维系中扮演着重要的角色（Lewin and Gold，1999；Lewin，Lippitt，and White，1939）。通过对公正领域尤其是程序公正进行研究，人们发现，权威合法性与公正尤其是程序公正有着重要的关系。例如，在司法系统中，人们对决策的接受程度与权威制定决策的程序是否公正有关（Thibaut and Walker，1975）。研究发现，权威做出理想和公平决定的能力可以加强合法性的感知（Muller，2015；Rogowski，1974）。

从20世纪90年代到21世纪初，出于社会现实的需要，合法性研究逐渐进入社会层面，研究者也开始从不同的理论视角来解释权威合法性的获得路径和作用。其中基于资源的模型主要是以真实的社会冲突和社会交换理论为基础，认为权威合法性取决于群体成员对其得到结果的满意度；而基于认同的模型主要是以社会认同理论为基础，认为权威合法性取决于成员被权威对待的情况。不少实证研究基于以上两种理论模型，验证了分配公正和程序公正对权威合法性的作用（Mazerolle, Antrobus, Bennett, et al., 2013; Tyler and Jackson, 2014; Toorn, Tyler, and Jost, 2011）。例如，对东欧民主转型国家的调查发现，经济体制中的分配公正和程序公正都会显著提升政治支持率（Kluegel and Mason, 2004），以贪污腐败为形式的程序不公则会降低政治支持率（Seligson, 2010）。同时也有研究探讨了权威合法性、程序公正和分配结果不公三者之间的互动关系（Hegtvedt, Clay-Warner, and Johnson, 2003），在明确了权威合法性获得路径的同时，也关注了权威合法性的作用。该研究证实，当个体面对分配不公正时，如果权威合法性高，那么无论是从认知还是行动上，个体都不会认为不公正的结果是由分配不公正造成的，更不会感知到不公平；同时，当合法的权威给予不公正的分配结果时，个体可能不会感知到程序是不公正的，先前的权威合法性还能够缓冲不公正带来的权威合法性下降的程度。合法性甚至能够为个体提供一个判断公平的启发性框架（Mueller and Landsman, 2004）。

对警察权威合法性的研究发现，如果公众认为警察所做的决定是合理的、公正的，人们有遵守的义务，则可以提高警察执法的有效性（Mazerolle, et al., 2013; Tankebe, 2013）。一项研究检验了基于传统理论观点的权威合法性测量是否适用于社会层面，并探索了影响权威合法性感知的因素，如程序公正、结果满意度等（Tyler and Jackson, 2014）。另一项研究则探讨了社会背景下，权威合法性和权力与服从行为的交互作用，不具备合法性的权威在拥有高权力时，也能增强民众的服从行为（Hays and Goldstein, 2015）。针对群体不平等的合法性对政治行动的影响也重新进入研究者的视野（Jost, et al., 2012; Sweetman, Spears, Livingstone, et al., 2013）。

近年来，对权威合法性的研究进入了新的阶段。关于分配公正和程序公正对权威合法性的交互作用的研究也开始逐渐展开，但该交互效应对有关人们态度与行为的结果变量的影响有不一致的结论。van Dijke 等（2010）在得出权威信任中介程序公正对权威合法性的影响后，检验了领导的权力高低对该路径的调节作用。新近的研究还发现，权威合法性的感知不仅与程序公正和结果有利程度有关，还受到结果依赖性的调节（Toorn，Tyler，and Jost，2011）。对组织领域的实证研究也发现，当员工认为权威制定决策或规则所实行的程序是公正的时，就会觉得权威是正当的，也会增强组织承诺等一系列合作行为（Hoffmann，2005；Mazerolle，et al.，2013）。针对一系列未能产生交互效应的研究（Dipboye and de Pontbriand，1981；Tyler and Caine，1981），许多研究者建议当前分配公正与程序公正的交互效应的研究重点在于发现其边界条件。例如，De Cremer 等（2010）证实，高地位不确定会使分配公正和程序公正对员工组织承诺的交互效应更显著；Bianchi 等（2015）则探讨了权威信任对该交互效应的调节作用。新近的直接证据也表明，程序公正和结果满意度对权威合法性感知的交互作用的结果并不一致（Toorn，Tyler，and Jost，2011）。学界认为，分配公正及程序公正对权威合法性的交互作用在一定情况下方可凸显，有必要找到使其生效的边界条件。

相比于国外研究者对权威合法性的研究历史，国内有关权威合法性的心理学研究比较匮乏，比较接近的是有关政治信任和权威信任的研究，以王二平领导的研究小组的研究为主。研究者回顾了政治信任和公正感对民众合作行为的影响的相关理论与实证研究（张婍、王二平，2010）。研究小组对此做了进一步推进，提出了社会公正促进政治信任，从而加强民众合作行为的双路径模型（张书维、许志国、徐岩，2014）。国内政治学和社会学对合法性的研究也比西方研究者晚很多，在21世纪才开始蓬勃发展起来，笔者在此主要回顾通过实证方法来验证权威合法性的作用等相关研究。社会学者高学德和翟学伟（2013）通过对全国六大地区进行调查，发现了影响政府信任的因素，结果表明，中央和地方政府合法性出现了差序格局，即中央政府合法性比地方政府合法性更高。值得注意的是，该研究还发现对城市居民而言，制度对其感知到合法性的影响要比农村居民大。针对社会学研究中不断被关注的地方政府合法性问题，学者将信任作为地方政府的操作性定义，考察了政治改革带来的合法性的提升，同时分析了绩效、公正和权威人格三个影响因素对地方政府合法性的作用（马得勇、王正绪，2012）。也有研究者调查了制度信任对我国香港市民参与政治行为的影响，发现制度信任越低，市民越容易参与集体行动，如游行示威、联名请愿等（李莹、林功成，2015）。

2.1.4 权威合法性的理论视角

1. 基于资源的模型

研究权威合法性的理论视角较少，均是为了解释是什么样的因素导致个人对权威感到有服从的义务。其中基于资源的模型是由诸多学者的论述发展而来的，主要依据真实群体冲突和社会交换理论，该模型认为，权威合法性与个体从群体和群体权威中获得的资源有关（Homans，1974；Kelley and Thibaut，1978）。具体而言，基于资源的模型认为，以下有关群体权威和群体规则的评价决定了个体对权威合法性的感知：①过去和将来可能从权威或群体处所获得的资源（Komorita，Chan，and Parks，1993；Vecchio and Gobdel，1984；Williamson，1993）；②权威或群体完成任务的能力（Ridgeway，1981）；③人们对未来权威行为的判断，即权威是否会考虑人们的利益（Tyler and Rawes，1993）；④结果公平（Walster，Walster，and Berscheid，1978）、程序公正（Lind and Tyler，1988；Thibaut and Walker，1975），对群体身份的投入（Rusbult，Farrell，Rogers，et al.，1988）。不管从哪一种有关群体权威和群体规则的评价来看，该模型的关键假设都强调了权威合法性与过去及未来个体和权威之间交换资源的多少有关。

基于资源的模型认为，个体对权威合法性的感知是由权威和自身经历的工具性因素决定的。一个典型的工具性因素就是对从权威处获得结果的满意度或需求度。另一个因素则是群体成员决策受到的直接或间接控制的程度，因为其渴求的结果理所当然地受到权威控制，所以直接影响了结果满意度（Tyler，1997），个体通过权威的能力和以往的经验、关系投入度，都可以感知到群体成员决策的受控程度。

2. 基于认同的模型

基于认同的模型从社会认同理论出发，认为合法性与个体的社会认同密切相关。基于社会认同的理论认为人们都有向上的动机，需要得到群体的认可（Abrams and Hogg, 2006; Tajfel, 1986; Turner, Hogg, Oakes, et al., 1987）。而对群体的认同信息可以使人们获得自己在群体中的地位信息，这种信息可以使人们获得自身在群体中的价值肯定，自身得到群体成员的尊重会使个体资源服从权威或群体规则（也就是权威制定的规则或决策）。所以，下属对权威及其行为决策的合理性评估是与显示他们和权威之间关系的行为密切相关的。

这种关系关注（relational concerns）在当时的研究中被分为三种：权威的中立性、权威动机的仁慈度或可信任程度以及地位认知（Tyler, 1989）。在新近的研究中，研究者运用关系模型阐明，除了一些直接的信息，程序公正作为一种启发性因素也能够影响个体的地位感知（Tyler and Blader, 2003）。因为作为群体中的一员，个体会因为自尊的需要而主动建构自己在群体中的地位信息，以提升社会认同、自我价值（De Cremer, Brebels, and Sedikides, 2008），而程序公正可以作为一种信息，传递个体在组织中的价值。后续许多实证研究基于关系模型验证了在不同社会情境下，程序公正对提高权威合法性的作用（Tyler and Jackson, 2014; Toorn, Tyler, and Jost, 2011）。

虽然以上两种模型都有一定的理论与实证基础，但其在被提出后都未能完全解决人们企图解决的问题，所以迫切需要对其进行修整和发展。Tyler 和 Blader（2003）在开展了多年对程序公正领域的研究以后，结合社会认同理论，在关系模型的基础上提出了群体卷入模型（group engagement model），就是想进一步解决程序公正所不能完全解决的与各种后果变量的关系问题，即其中的内在心理机制。该模型不但将程序公正和分配公正一起作为一种认同的线索进行探讨，并进而将其延伸到行为、态度等结果变量。这些结果变量就包括了权威合法性。程序公正和分配公正影响了对群体认同的判断，其中包括自豪感和尊重两种对自身地位评价的决定信息。根据自身的群体认同信息可以明确自身的价值，因为群体认同本身就是对自身价值的积极肯定，而这种自身的价值信息决定了个体对待群体（包括权威在内的所有群体成员）的态度。也就是说，群体认同作为核心变量，能够影响内隐权威合法性的变量。在加入社会认同这一概念后，整个模型的解释能力得到了大幅度提升。研究者后来提出，认同权威合法性还需要测量是否与权威共享一致的行为规范或价值观，这是基于群体卷入模型的最新进展（Tyler and Jackson，2014）。

2.2 权威合法性的内隐社会认知研究

权威合法性作为政治心理学和社会心理学中的重要概念，其评估方法和内涵在被引入心理学之后并没有取得太多的突破。相关的研究主要是将其从小群体中扩展到更大的社会层面，如组织层面、社会层面，使其对保持社会、组织稳定的重要作用得以凸显（Tyler，2006）。但所有相关的研究一直运用自我报告法，虽然多种维度的权威合法性量表已经开始得到验证（Tyler and Jackson，2014），不同种类的测量方法展现出研究者在权威合法性上的探索和努力，但依然不可回避自我陈述量表存在的固有问题。大量心理学研究发现，自我陈述量表容易受到社会期许性（social desirability）或有意控制的影响，且较难仅仅通过对自我陈述式量表的改进来减少这一影响（Schwarz, et al.，1991）。而自我陈述量表的回答者有时候不能够报告量表中所考察的认知或情感，原因并非报告者自身有意不进行报告，而是量表所考察的范围超出了其自身意识，报告者本身无法提取相关信息或者无法意识到影响变量的信息的存在（Nisbett and Wilson，1977）。同时许多研究还发现，对个体信息的加工方式并非只有一种，即不仅是可控制的或者有意识的外显过程，还可以内隐的方式（如自动的或者无意识的）进行加工（Fazio and Towles-Schwen，1999；Wilson, Lindsey, and Schooler，2000）。

无论是社会心理学还是政治心理学，都开始注重采用内隐测量的方式来研究人们对某些客体，如国家、政党的态度。尽管这两个领域的研究都指出了内隐研究的不足，如内隐研究无法证实自己能够研究无意识；内隐测量的有关变量和外显测量的变量相关度较高，尤其是在政治心理学领域（Gawronski, et al., 2005）。但是，内隐社会认知研究的优势也是显而易见的，其能够研究外显测量无法测量的自发性加工，对社会期许性较高的社会问题的测量效果也更好，如面孔的内隐偏好与选举行为，原因在于在此类问题中，内隐态度往往有着对行为更好的预测作用（Gawronski, Geschke, and Banse, 2003; Hugenberg and Bodenhausen, 2003）。而且随着研究的发展，诞生了许多双重加工理论（dual process theories），可以为不同领域的心理过程提供一般性的规律解释（Gawronski and Payne, 2011）。尤其是在政治认知和政治行动研究中，尽管多数活动往往是经过精细化认知加工的，但在特定的情形下，如人们在无动机情况下或者认知资源缺乏时的行为方式，可以运用内隐测量进行更好的预测和解释。

2.2.1　内隐社会认知

内隐社会认知（implicit social cognition）属于社会认知（social cognition）的研究范畴，是新生的热门学科领域。在该领域最初诞生时，Greenwald 和 Banaji（1995）作为创始者对大量的以往关于自动化和无意识行为的社会心理学研究进行总结，从内隐记忆与学习研究领域的理论观点出发，提出了内隐社会认知的概念，主张对其提出的内隐社会认知进行研究。随后，内隐社会认知的经典实验方法——内隐联想测验（implicit association test, IAT）被提出（Greenwald and Banaji, 1995）。在该方法被提出后的一段时间内，人们对其信效度进行了检验，之后开始应用该方法来研究内隐社会认知。随着内隐社会认知领域的出版物和文章发表量的增加，其成为目前心理学研究中最为热门的领域之一（Gawronski and Payne, 2011）。尽管人们在研究过程中对内隐社会认知在政治心理学领域的作用仍然存在不少争论，但该领域的研究早已开始渗入组织领域和政治心理学领域（Gawronski, et al., 2015）。

内隐社会认知加工过程是指个体在无意识的状态下，或者是在意识状态不明确的条件下，对社会性刺激进行组织加工和解释的过程。Greenwald 和 Banaji（1995）等众多研究者都指出，在这种社会认知过程中，个体虽然无法报告或内省过去的一些经验，但其进行判断或行为时仍然潜在地受到这些经验的影响。例如，内隐社会态度具有内隐性。因为个体的内隐社会态度是不能被直接观察到的，属于个体的这一内隐社会态度会通过一定的形式表现出来，同时这种态度是个体通过对社会中所存在的主流或者其所接触的道德和行为规范内化而来的，常常无法被个体自身所意识，因为这种潜移默化的影响可能存在于电视节目中的无言语动作中（Weisbuch, Pauker, and Ambady, 2009）。

尽管内隐社会认知被称为"内隐"，但其并不是单纯对精神分析中无意识部分的继承和发展。该领域的根本来源还是基于认知心理学中的信息加工，其中一部分来源于注意研究中的自动性和控制性加工，另一部分则来源于内隐记忆的无意和有意加工（Gawronski and Payne, 2011）。但经过多年的研究，通过大量实证研究和理论推导，研究者逐渐发现，内隐社会认知目前采用的方法对无意识研究是否有效还有待进一步确认，并不能直接认为现有的方法能够证实关于无意识研究的一些相应结论，如人们是否能够通过内隐联想测验访问个体的无意识（Gawronski, Hofmann, and Wilbur, 2006）。在这种情况下，政治心理学中使用内隐联想测验来访问个体的无意识也就成为具有重大争议的研究主题。相比之下，所有人类的社会认知被证实都有自发加工的、无法观察的部分，所以，通过内隐态度对偏见可能会导致的自发性情感反应进行预测和依据相关内隐态度来预测未来行为，这两种政治心理学中内隐社会认知研究的方向将会成为未来主要关注的方向（Gawronski, et al., 2015）。

内隐社会认知的测量方法是该领域不断得到重视的根本原因。Fazio 等（1996）提出的基于概念联系的态度定义为以后的内隐测量方法的应用提供了理论基础，广大研究者由此发展了评价性启动任务，并最终出现了信效度都远超前辈的内隐联想测验。为了开展该领域的研究，大量研究者将精力用于对方法的研究和完善，该领域才逐渐具备了研究基础，并逐渐向各个领域渗透，从最初的新生交叉领域到近期的成果不断丰富，如胡晓晴等（2015）发表的对种族偏见消解作用的研究论文。正是内隐社会认知方法的不断更迭，使内隐社会认知领域的发展发生了剧变。

2.2.2 MODE 模型与双重加工理论

1. MODE 模型

动机—机会决定（Motivation and Opportunity as Determinants，MODE）模型由 Fazio 和 Towles-Schwen（1999）提出，是用来解释态度和行为之间关系的一种双重加工模型。该模型关注态度影响人们的判断和行为时的加工过程。Fazio 和 Towles-Schwen（1999）认为，从态度到行为（attitudes-to-behavior）涉及两种加工形式，即自发加工（spontaneous process）和有意加工（或称审慎加工，deliberative process）。"MODE"这一称谓来自该模型的主要观点，即动机和机会是从态度到行为加工的决定性因素。

Fazio 和 Towles-Schwen（1999）认为，自发加工和有意加工的区别在于，有意加工需要个体主观努力的推理过程，而自发加工是基于自动激活记忆。有意加工是"数据驱动"（data-driven）的加工过程，它包括对态度对象特征的思考，以及对特定行为结果的评估；自发加工则为"理论驱动"（theory-driven），它是由记忆中已有态度的自动激活引起的。自发加工主要关注的是已有的态度以及它们的可访问性，而有意加工则主要关注原始素材而非已有态度。有意加工需要大量的认知活动，包括对可用信息的思考、对积极和消极特征的分析、对成本和收益的分析等。包含态度对象的具体特征和特定行为反应的结果会被考虑并进行权重分析。

MODE 模型不仅提出了从态度到行为加工的两种形式，还解释了自发加工和有意加工是如何起作用的。"MODE"这一名称就指出了动机和机会是影响从态度到行为加工的决定性因素，决定着个体是采用自发加工还是有意加工。

有意加工需要主观努力才能进行，因此进行有意加工需要动机来推动。促使人们进行有意加工的动机有多种，如归属需要和自我感觉良好需要也会使人们进行有意加工。在归属动机的驱使下，人们会有意地迎合他人的想法和行为，从而进行有意加工。而自我感觉良好需要，也会使个体为了表现出更加完美的自我而进行有意加工（Fazio and Towles-Schwen，1999；Olson and Fazio，2008）。以上所列举的这些动机都会使人们为了得到某种结果（可能是正确的、喜欢的或可接受的）而进行主观努力。本书中所采用的改善群体地位的动机，也是驱使人们进行有意加工的动力之一，作者将在后文中进行更为详细的阐述。

Fazio 等（1996）认为仅仅拥有动机仍然不足以进行有意加工，机会也是必不可少的因素。在 MODE 模型中，机会包括两个方面的定义：一是时间，二是心理资源。时间是进行有意加工所需要的，个体需要有足够的时间来进行有意加工。心理资源同样是有意加工所需要的，由于人们的认知资源是有限的，疲劳、分心等因素会影响个体加工信息的能力。例如，有研究表明，自我耗竭会影响个体的自我控制行为，它会损耗个体的加工能量，从而影响动机对判断和行为的作用（Baumeister，Bratslavsky，Muraven，et al.，1998；孙丽云、郭瞻予、于健，2008）。因此，在要求个体快速做出反应的情境中会由于时间短暂而限制人们的有意加工；对于具有资源竞争性的任务，心理能量的分散和消耗也不利于进行有意加工。在这些情况下，个体将不得不进行"理论驱动"的自发加工。

2. 双重加工理论中影响内隐态度预测行为的因素

研究者普遍发现，在一定情况下，内隐测量相比外显测量而言有时候能够更好地影响或预测行为，这为政治心理学采用内隐社会认知范式开展研究提供了实证支持。Nosek 等（2011）总结了四项可能会影响内隐测量对行为的预测力的原因，分别是参与行动的动机、自动加工的机会、能力和是否成功觉察。参与行动的动机包括两种情况：一种情况是高自我控制后的社会期许性问题的回答会比内隐测量的预测力更低；另一种情况是当人们缺乏动机去转变自己的反应时，相对而言，内隐测量能更好地预测行为（Devine，Plant，Amodio，et al.，2002）。双路径模型认为，当人们没有机会中断自动加工或者难以分心时，就会更多地使用自动加工（Dovidio，Kawakami，Johnson，et al.，1997；Friese，Hofmann，and Wänke，2008）。另外，能力也是进行有意加工的关键，艰巨的任务容易消耗能力，会使加工更多地依赖于自动回复（Florack，Ineichen，and Bieri，2009），具有低工作记忆容量（Hofmann，Gschwendner，Friese，et al.，2008）、低冲动控制水平（Hofmann，Friese and Roefs，2009），或者无法应对这些所带来的影响的个体都更多地依赖自动加工，使得内隐测量能够更好地预测行为。无法觉察则意味着个体不知道自己的选择，也就无法有动机、能力和机会来阻止内隐反应，自然能够根据内隐态度来预测其行为，正如上文提到的通过内隐测量预测犹豫不决的选民的选举行为一样。有研究者指出，未来应该在集体行动中开展内隐社会认知的相关研究（Van Stekelenburg and Klandermans，2010）。而上述每一种原因都有可能影响我国民众的相关行为，也就是说，使用内隐社会认知来考察权威合法性对预测我国民众的行为有一定的必要性。

2.2.3 内隐社会认知的测量方法

内隐社会认知的研究方法是该领域发展的重要基石。因为研究者在验证该领域的理论或假设时，需要明确自身对内隐社会认知的测量是否准确，而这一切在以前是鲜有先例的，所以他们必须找到一种对应的方法来测量几乎很难通过自我陈述考察的自发加工或无意识加工。一般采用外显测量方法，即上文所提到的自我报告/自我陈述法，如上文所述，这种方法受到两个因素的影响，一个因素是社会期许，尤其是针对社会期许影响大的测量项目，个体根据他人或社会环境的期望做出反应；另一个因素是受限于个体自身的能力，即尽管报告者拥有相应的信息，但其本身无法提取相关信息或者无法意识到影响变量的信息的存在（Nisbett and Wilson，1977）。而内隐测量方法必须解决以上问题，否则就无法进行内隐社会认知领域的相关研究。

经过近二十年的发展，目前广泛采用的内隐测量方法主要有三种：反应时范式、认知操作范式和生理反应范式。其中第一种范式最为常用，而内隐联想测验和评价性启动任务是该范式中应用最广泛的方法。尤其是内隐联想测验有着很高的信效度，是最为可靠的方法之一。本书采用的就是这种测量方法及由其发展而来的单类内隐联想测验。

1. 内隐联想测验

内隐联想测验（Implicit Association Test，IAT）由 Greenwald 等（1998）创新提出，其试图通过一种自发性联想的方法来测量目标词和属性词之间的联系。IAT 方法必须考察成对目标之间的自发性联系，即需要一对目标概念（如"我"和"他人"）和一对属性概念（如"好"和"坏"）。具体而言，被试需要在计算机上进行两个选择分类反应时任务，必须保证在准确的前提下快速做出反应。当被试面对两个紧密联系的概念需要按同一个反应键的时候，研究者假设被试一定会更快地做出反应，此时为相容任务；反之，则被试会更慢地做出反应，此时为不相容任务。以常见的内隐偏见为例，测量分为七个步骤：①练习阶段，当屏幕中间出现的是白人面孔时，需要按下 E 键，当屏幕中间出现的是黑人面孔时，需要按下 I 键；②练习阶段，当屏幕中间位置出现属于积极类型的词时，需要按下 E 键，当屏幕中间位置出现属于消极类型的词时，需要按下 I 键；③练习阶段，当屏幕中间出现的是白人面孔或者属于积极类型的词时，需要按下 E 键，当屏幕中间出现的是黑人面孔或者属于消极类型的词时，需要按下 I 键；④正式测试阶段，与步骤③完全相同；⑤练习阶段，当屏幕中间位置出现黑人面孔时，需要按下 E 键，当屏幕中间位置出现白人面孔时，需要按下 I 键；⑥练习阶段，当屏幕中间出现的是黑人面孔或者属于积极类型的词时，需要按下 E 键，当屏幕中间出现的是白人面孔或者属于消极类型的词时，需要按下 I 键；⑦正式测试阶段，与步骤⑥完全相同（见表2-1）。

表2-1　种族偏见 IAT 的基本程序示例

步骤	实验次数	功能	E 键	I 键
①	20	练习	白人面孔	黑人面孔
②	20	练习	积极类型的词	消极类型的词
③	20	练习	白人面孔或 积极类型的词	黑人面孔或 消极类型的词
④	40	正式测试	白人面孔或 积极类型的词	黑人面孔或 消极类型的词
⑤	20	练习	黑人面孔	白人面孔
⑥	20	练习	黑人面孔或 积极类型的词	白人面孔或 消极类型的词
⑦	40	正式测试	黑人面孔或 积极类型的词	白人面孔或 消极类型的词

内隐联想测验经过发展，其信度与效度已被证实，计分方法也有多种（Greenwald，Nosek，and Banaji，2003）。其主要考察的是反应时之差和内隐效应 D 值，即步骤④与步骤⑦之间的反应时之差除以所有正确反应的标准差，从原理上来看，是不相容任务的正式测试反应时减去相容任务的正式测试反应时。一种常用的改进的计算方法主要的变化是将步骤③和步骤⑥两组相联系的数据也用于 D 值的计算，简单来说，就是将步骤③和步骤⑥的数值也进行与原本 D 值同样的计算，得出第二个 D 值后与原来的 D 值一起计算平均数。

根据研究者的总结，参照 Cohen（1977）关于 D 值的定义，当 $0.15 \leqslant D < 0.35$ 时，可以认为内隐效应较低；当 $0.35 \leqslant D < 0.65$ 时，可以认为内隐效应适中；当 $D \geqslant 0.65$ 时，可以认为内隐效应较大。

内隐联想测验被广泛用于自尊、刻板印象、自我概念等绝大多数内隐社会认知研究领域，通过了实践检验，得到了研究者的认可，并成为内隐社会认知领域具有较好适应性的测量方法。研究者通过词汇或图形来表征各种不同概念，从而研究个体对不同对象（如种族、国家、性别、政治团体等）的内隐态度，以及个体自身的自尊、自杀意向等各种自我概念，甚至对群体归属与社会认同进行测量（Gawronski, et al., 2015）。还有研究者将内隐联想测验用于对种族偏见的矫正纠偏，并取得了良好的效果（Hu, et al., 2015）。所以，内隐联想测验具备良好的适应性，能够随时被应用于新的内隐社会认知研究。

内隐联想测验的信效度得到了广泛的检验，相对其他内隐测量方法而言非常稳定。用分半信度和一致性系数来衡量信度时，IAT 一般都会让研究者感到满意，往往能够达到 0.70～0.90 的一致性系数（Nosek，2007）。但在重测信度上，IAT 往往不能令人满意，一致性系数一般为 0.20～0.69。研究者对此进行了分析，认为 IAT 的敏感性和感受性影响了其重测信度，如学习效应等，提示 IAT 的测量应该注意情境因素的影响（Gawronski and Payne，2011）。同样，大量研究者从群体层面和个体层面对内隐联想测验的效度进行了检验。不同的研究者都发现，对研究对象不同，但样本相同、程序标准的研究来说，内隐联想测验的效度保持了相当程度的一致性。这说明在这一水平上，IAT 的效度是可靠的。从个体的角度，研究者发现其与其他内隐测量的相关性通常不高或者根本不显著，但并不意味着其效度不高，而是因为其他内隐测量方法的信度不高或者不同的内隐测量间存在因子结构上的不同，需要进行相应的分析。研究者也关注了内隐联想测验与外显测量之间的相关性，通过元分析发现，一般来说，内隐与外显测量之间大概为相关度低于 0.24 的低相关或不相关（Hofmann, Gawronski, Gschwendner, et al., 2005）。从互联网上收集的数据中则出现了 0.37 的相关度（Nosek，2005），研究者认为，首先，这样的相关度属于本领域内的高相关；其次，有可能与其采用温度计进行外显测量，将更多自发加工的情绪加入测量有关；最后，也有可能是因为互联网上的数据更容易发生变化。尽管这种低相关与内隐、外显测量的不同结构有关，但目前研究者建议谨慎地将这种低相关作为内隐、外显测量存在结构性差异的证据（Hofmann, Gawronski, Gschwendner, et al., 2005）。

综上，由于内隐联想测验具备这些显而易见的优点，很快便成为内隐社会认知领域最为主要的研究方法之一。

2. 单类内隐联想测验

Karpinski 和 Steinman（2006）在传统内隐联想测验的基础上进行了修正，提出了单类内隐联想测验（Single Category Implicit Association Test，SC-IAT）。SC-IAT 将以往只能成对进行判断的概念词，变成了单类的概念词，通过改进测验程序，克服了传统 IAT 必须通过与比较对象进行对比来判断相对联系的不足——无法测量单个联想的绝对强度，进一步提升了内隐联想测验类方法的适用性。该研究者通过 SC-IAT 测量内隐性别认同和内隐自尊后，检验了其内隐效应的内部一致性系数，发现其与以往内隐联想测验的一致性系数相似（Greenwald，et al.，2003；Karpinski and Steinman，2006；Nosek，2005）。这样，更为有效又较新的 SC-IAT 就成为一种测量单一类别概念的内隐态度的更好方法，与同样用于测量单一类别内隐态度的命中联系任务（Go/No-go Association Task，GNAT）方法相比较，其内部一致性系数要高很多（GNAT 的分半信度只有 0.20）。

具体而言，SC-IAT 一般分为四个阶段，具有一组单类概念词。以国家内隐态度为例，以能代表中国的图片为一组单类概念词，将积极属性的词与消极属性的词组成一对属性词，第一个和第二个阶段的测量均为相容任务，第三个和第四个阶段的测量为不相容任务。具体而言：①练习阶段，当屏幕中间出现的是代表中国的图片或者积极属性的词时，需要按下 E 键，当屏幕中间出现的是消极属性的词时，需要按下 I 键；②正式测试阶段，与步骤①完全相同，次数是其 2 倍；③练习阶段，当屏幕中间出现的是积极属性的词时，需要按下 E 键，当屏幕中间出现的是代表中国的图片或者消极属性的词时，需要按下 I 键；④正式测试阶段，与步骤③完全相同，次数是其 2 倍（见表2-2）。

表 2-2　国家态度 SC-IAT 的基本程序示例

步骤	实验次数	功能	E 键	I 键
①	24	练习	代表中国的图片或积极属性的词	消极属性的词
②	48	正式测试	代表中国的图片或积极属性的词	消极属性的词
③	24	练习	积极属性的词	代表中国的图片或消极属性的词
④	48	正式测试	积极属性的词	代表中国的图片或消极属性的词

综上，SC-IAT 毫无疑问地成为几种评价单一类别态度的内隐测量方法中较好的一种，且操作简单，是本书用于测量个体对单一权威内隐态度的工具。

2.2.4　内隐社会认知视角下的权威合法性相关研究

迄今为止，几乎没有研究者从内隐社会认知的角度来考察权威合法性，但自 2008 年开始，使用 IAT 等其他内隐社会认知方法开展内隐研究已经风靡社会心理学界以至政治心理学界。Jost 等（2008）对左翼和右翼意识形态进行了内隐测量，由于需要对成对属性进行内隐联想测验，所以其首先将左翼和右翼意识形态划分出五对对立因素，如将"循规蹈矩的"与"放荡不羁的"作为两个概念词，由于测量的是被试自身对该概念的感受，研究者就可以通过将"好"和"坏"作为一对属性词来对这两个概念进行内隐测量，然后将五个 IAT 和外显测量的值作为每种意识形态倾向的预测变量，得出保守者的内隐和外显意识形态较为一致的结论（Jost, Nosek, and Gosling, 2008）。许多研究者关注了内隐态度对选举结果的预测作用，发现其对于很多选举的结果有着不同的预测作用，这种预测作用往往与被试自身的状态有关，例如，在被试举棋不定或者不明确自己应该推选哪个选举人的时候，内隐态度的预测作用就会比外显测量更为显著（Gawronski, et al., 2015）。

内隐社会认知还同民众与政府间的合作行为有关系，而权威合法性正是被认为对促进民众与政府间的合作有重要作用，而且其比具体的态度有更强的预测力（Tyler，2006）。近期，研究者通过 IAT 研究了被试对党派的认同及其对政策感知偏差的关系，并能够在个体自认为保持中立的情况下，预测其对提案和教育、经济等政策的感知偏差（Nosek，Hawkins，and Frazier，2011）。还有研究者证实了亲身经历极端天气能提高人们对政府环保政策的内隐态度的积极程度，然后预测被试支持政府政策的行为（Rudman，Mclean，and Bunzl，2013）。而另一研究则发现，对美军基地的内隐态度可以预测选民对政府扩充军队政策的支持程度，即使外显报告并未体现这样的态度（Galdi，Arcuri，and Gawronski，2008）。这些都说明了民众与政府的合作行为很可能受到人们内隐态度的影响。

尽管缺乏对合法性直接的内隐测量的实证研究，但对于权威合法性的操作性定义之一的权威信任，有研究者使用启动任务来研究安全文化建设的组织中下属对领导的内隐信任，以便研究危机情况下信任与行为的关系，即将信任划分为信任与不信任两种相对的属性词进行研究（Burns，Mearns，and McGeorge，2006）。该研究者在 2010 年的相应专著中回顾信任的内隐研究时指出，至今未有其他的研究方法和实证研究，需要更多研究对该领域进行挖掘。

一些间接的内隐、外显社会态度研究证实了权威合法性可能存在外显与内隐的分离。国内研究者研究了军人的服从态度，发现通过 GNAT 方式研究的内隐和外显服从态度是相互分离且独立的两个结构，且内隐和外显服从态度呈现低相关（粟华利、钟毅平，2010）。在国内学者对民众的社会满意度与群体事件之间的关系的研究中，内隐和外显社会态度出现了明显的分离现象，也呈现低相关且具有二维结构。结果还发现，低外显—高内隐满意度的被试最容易参与群体性事件，而高外显—低内隐满意度的被试参与群体性事件的意愿最低，虽然研究无法排除年龄的影响，但此研究为研究权威合法性的内隐社会认知视角提供了一些帮助（杨燕飞，2013）。而针对警察权威的内隐态度研究则发现，被试对待警察权威的内隐态度几乎全部为正面的，而外显态度多数为负面的，这也说明了对待权威的外显和内隐态度是分离的（魏佳琪，2014）。

2.2.5　小结

如前文所述，权威合法性作为一种信念，有着可以明确的指向对象，而主管、学校权威、政府权威或其他社会权威都可以作为内隐联想测验及其发展范式使用的概念词，也可以将权威合法性不同定义中的信念词作为相对属性词。所以应该能够使用内隐社会认知的测量方法来考察人们感知到的权威合法性（Greenwald and Banaji，1995）。Burns 等（2006）研究了员工对同事和主管的内隐信任，从一定程度上说明了进行内隐权威合法性测验的可行性。但需要注意的是，该研究者对信任的内隐研究论文是在 2006 年发表的，其在进行实证研究时，尚无对单一类别属性词进行内隐测量的更有效的方法——因为当时单类内隐联想测验尚未被开发出来。随着信效度更高的内隐测验方法的出现，有必要使用更好的 SC-IAT 方法来完成单一对象的内隐联想测验，从方法上对前人的研究做出推进。

从理论和实践的角度出发，也有必要提出内隐权威合法性。一方面，内隐社会认知研究给政治行为的研究带来了巨大变化。政治心理学家通过使用内隐社会认知研究政治行为，并得出内隐态度与政府合作行为存在预测关系的重要结论（Gawronski，et al.，2015）。而研究者早已提出权威合法性是决定人们与政府合作与否的关键变量（Tyler，2006），这些发现说明有必要对权威合法性进行内隐社会认知研究。另一方面，验证和发掘权威合法性在线上和线下集体行动或社会运动中的作用，对权威合法性的研究而言非常重要。而集体行动领域的研究者也开始呼吁将内隐社会认知加入已有的集体行动研究中（Van Stekelenburg and Klandermans，2010）。同时，在我国存在泄愤式的群体性事件，这意味着参与者改变现状的动机较弱，仅仅是一种情绪发泄，研究内隐社会认知对控制中国背景下的集体行动的价值显而易见。总之，这些发现都说明需要将权威合法性的结构扩展至内隐层面，来验证其与外显权威合法性相比的独特之处。

综上，本书力图从内隐社会认知的视角研究权威合法性，运用 SC-IAT 测量个体的内隐权威合法性感知，尝试通过其结果证实内隐权威合法性这一概念，并在此基础上探索和发现其在中国背景下的集体行动中的作用，验证其"稳定剂"作用是否适用于中国。本书认为，内隐合法性不同于有意识的对权威合法性的感知，而是个体无法精确意识或察觉到的过去其自身与权威的积极或消极经验不断积累而形成的一种联结，从而产生的对权威合法性的自发性评价。根据以往的研究，研究者假设在内隐层面，人们是愿意服从政府权威的。

2.3 集体行动和权威合法性

集体行动（collective action），也被译为集群行为（张书维、王二平、周洁，2012），在我国常被不同学科的学者根据"政治术语"统称为群体性事件（王二平，2012；于建嵘，2009）。国内对该定义之所以有不同的译法，主要是因为对该行为的理解有所不同。同时，出于国情的原因，我国的集体行动虽然属于典型的集体行动，但又区别于国外的集体行动。而这种区别，是研究者关注权威合法性作用的关键原因之一。这都需要我们对集体行动的定义和分类进行全面的回顾。

所有有关社会稳定的理论总是会提及社会变革的产生，而集体行动是具有破坏性的非制度体系中的政治行为，行动的目标是改善自身的群体状态，那么其一定会与原有的社会层次结构产生冲突，所以，集体行动一定会作为社会变革的核心机制之一而受到社会科学学者和社会管理与决策者的密切关注。国内的群体性事件是指民众针对当地党政部门或强势社会集团的冲突，所以也会对相应社会系统中已有权威的社会认知产生影响。而无论是从社会学理论角度（赵鼎新，2012）还是从心理学实证角度（Worchel, et al., 1974）来看，权威合法性正能够缓解这种冲突，提升各类大小社会系统的稳定性。在下文中，研究者会将集体行动和权威合法性作为影响社会稳定的核心变量，回顾以往社会心理学理论和实证研究。

2.3.1 集体行动的定义

从集体行动的最早研究者 Le Bon（1897）的定义来看，集体行动是具有破坏意义的，其似乎并没有明确的目的，且缺乏相应的组织，是民众自发聚合而成的"乌合之众"的潜意识产物。Park 等（1921）首先提出了"集体行动"的概念。在此基础上，大量解释社会稳定的社会学理论提及了集体行动，但都是基于批判的视角，都聚焦于集体行动对社会的破坏性。而经过多年的发展，Wright（2009）总结了各个学派的观点，认为集体行动是一个群体中代表群体利益的成员为了改善群体地位或状态的行动，一般不属于社会结构体系之内的运动。新近的研究已经开始从宏观的理论探讨转入中观和微观的机制探讨，心理学研究和解释成为集体行动的重要研究视角（Van Zomeren, Leach, and Spears, 2012）。特别是当集体行动已有产生的基础时，个体参与集体行动的心理机制与动机成为研究者关注的重点。Van Zomeren（2008）通过元分析提出了一种基于社会认同理论的方法，从群体提升自身自尊的角度研究集体行动。越来越多的理论和实证观点使研究者的观点发生了很大改变，因为如果不能有效地消解或引导集体行动，就会产生目标更明确、组织程度更高的社会运动或社会革命。引导集体行动可以使之成为体制规范的社会改革，以促进社会结构和平进步（赵鼎新，2012）。所以，现在的研究者已经由最初强调集体行动的破坏性，一种没有领导的、被翻译为"集群"的行为，转向了对集体行动的破坏性进行弱化，发掘集体行动对社会进步和群体地位改善的积极意义。于是，将集体行动理解为自发聚集，但有着自身行为规范的集体作为一个整体进行行动，就成为对原有英语名词的一种较好的译法。

国内研究者将国内的集体行动称为"群体性事件"并不是从学界的角度出发，而是通过"政治术语"转化而来的。在经过一段时间的争论和发展之后，我国的研究者对群体性事件的定义基本达成共识，其作为我国典型的集体行动，专指部分群众与当地党政部门或强势社会集团的对抗性冲突（张书维、王二平，2011），尤其强调的是"民"（该地区民众）与"官"（当地党政机关及其他社会管理者）之间的抗争性冲突，社会管理者不仅是指行政机构或其管理者，也包括学校、医院、国企等在该社会区域内处于强势地位的组织管理者，其形式多见于群众围攻当地政府机关、损毁公务用车等。最关键的部分在于，群体性事件这种民众与社会管理者之间的对抗性活动，斗争的主体不如集体行动丰富，其只限于"民"与"官"之间（张书维、王二平，2011）。由于这种针对性，权威合法性作为一种可以使人自愿服从权威的信念，可能会在中国背景下的集体行动中产生重要作用。

综上，本书采用"集体行动"作为学界中"集群行为""群体性事件"的统一称谓。

2.3.2 集体行动的类型

集体行动有不同的分类方式，其中一种是根据集体行动的目的（Wright，2009），将其划分为对抗性集体行动（competition collective action）与转换性集体行动（conversionary collective action）。对抗性集体行动主要是从竞争性观点出发，认为群体成员意识到群体地位处于相对不利状态，且无法通过正常的流动改变自身的不利状态，并体验到自身群体的不利状态为非法时，直接对抗行为就会出现，以试图改善自身群体的不利状态。美国经常发生的"黑人运动"就属于此类集体行动。这种理论分类对解释一些体制外的抗争性运动极其有效。

然而，该类型的集体行动难以解释一些新型的集体行动。这种转换性集体行动与内群体的不利状态完全无关，群体与占据主导地位的支配群体进行对抗，完全是为了吸引其他外群体的人关注自身群体的目标，增加自己的内群体成员，使新加入者接受内群体规范与价值观。例如，虽然对于"黑人运动"而言，"三 K 党"也是绝对对立的外群体，这样"黑人运动"会削弱该对立外群体的影响力，可能会影响两者间的地位差异，但这不是主要目的，其对抗性的特点与传统的对抗性集体行动相比也弱得多。

以上两种类型的集体行动的区别在于，集体行动的双方群体之间的流动性完全不同。如果无法通过正常的群际流动来提升自身的地位，就会导致群体间的流动性极差，这样处于弱势的群体成员为了提升个体地位，就必须以集体行动的方式进行抗争，以期改变群体的状态或地位；而上升通道的关闭会导致从属群体的群际情绪充满愤怒或怨恨，使对抗性集体行动的发生具有零和的特征，即一方受益，另一方的利益必然受损。转换性集体行动是基于群体间可以随时进行流动，具体来说，群体间的差异体现为价值观的差异，即群体认同的价值观是被群体成员所共同认可的，也就是一种基于认同的群体。这时，外群体成员才能在认同内群体的价值观时转换为内群体成员。

随着网络的发展，集体行动出现了新的变化。"阿拉伯之春"事件于2010年发生之后，研究者开始对网络社会运动/集体行动保持高度关注，社交媒体已经成为一种新的参与政治的途径和场域。一部分研究者认为，集体行动可以发生在不同的场域，所以其将集体行动划分为线下集体行动（offline collective action）和在线/线上集体行动（online collective action），而且线上集体行动的参与成本更低，参与人所承受的风险也大幅度下降（Shi, Hao, Saeri, et al., 2014；Velasquez and LaRose, 2015；曾凡斌，2013）。针对线上集体行动，不同的研究者对其有不同的定义，大家都认为尽管现有关于集体行动的社会心理学理论已经十分丰富，但还不足以解决新出现的线上集体行动的问题。一部分国外研究者将其视作一种改变某些群体不利状态的行动，但主导行动的群体范围是建立在新的共享认同的基础上，如全人类的认同，而不是已经建立的意识形态、分类或认同（Smith, Thomas, and McGarty, 2014）。线下集体行动则是建立在已有的意识形态、分类或认同基础上的代表群体利益的群体成员企图改善自身群体的不利状态的行动，即还是基于以前的集体行动理论的解释。这已经与线上集体行动的定义出现了不一致的部分，但是现有的实证证据仍不充分，具体如何尚待进一步研究。国内的研究者也根据以往的研究提出了与Smith等（2014）相接近的观点，认为线上集体行动是一定数量的、相对无组织的网民针对某一共同影响或刺激，在网络环境中或受到网络传播影响的群体努力（薛婷、陈浩、乐国安等，2013）。本书采纳这种定义，但不涉及线下集体行动部分。本书认为，线下集体行动的控制加工程度较高，不能与线上集体行动混为一谈，根据双重加工理论，它们的心理机制很有可能是不一致的。当然，将线下集体行动作为后续行为的线上集体行动，应该被看作一种全新的线下集体行动，因为真正需要参与者进行的实际上还是线下集体行动，那么，集体行动发生的场域还是在现实空间（线下），而不是在网络空间（线上）。

2.3.3 集体行动的研究历史

最早研究集体行动的是 19 世纪的法国贵族 Le Bon，他被认为是社会心理学的创始人。他将当时法国出现的短时间聚集起来并表现出违反社会规范的非理性行为的人群称为"乌合之众"，这一称谓表现出他认为这种行为不同于单独个体的理性行为，是具有相当破坏性的非理性骚乱，尤其是随着聚众密度的加大，人们的行为越来越情绪化，非常不值得肯定。20 世纪初，许多美国人留学欧洲后，将 Le Bon 的理论带回美国并加以改造。Park（1921）将集体行动定义为个体受到共同情绪刺激而产生的冲动行为，然后经过系统阐述后，将集体行动作为社会心理学研究的一个规范主题。接下来，随着循环反应理论的诞生，对集体行动的研究开始加入社会框架，政治学、社会学等领域的研究开始成为主流。

自 20 世纪 60 年代以来，美国发生了许多较大规模的社会运动，随之而来的理论分析开始发现以前的社会运动理论十分保守，于是发展出资源动员理论和政治过程理论。20 世纪末，经过一段时间的理论整合之后，关于集体行动的研究越来越指向社会心理学领域（Klandermans，2004）。新的研究成果不断增加，分别从已有的社会学理论和社会心理学出发，连续出现了几种不同的新观点。Turner（1972）的突生规范理论认为，个体在集体行动发生时遵守了突生的群体规范，放弃了自身的行为规范，给出了一个新的集体行动解释框架。Van Zomeren 等（2004）在研究中将程序公正与不公作为前因变量，提出了该变量通过中介变量——群体效能和群体愤怒对集体行动进行预测的双路径模型。随后，Van Zomeren 等（2008）又对近期的研究做了元分析，发现集体行动是代表群体利益的成员为了摆脱自身群体的不利处境、改善自身群体状态的抗争方式，并发现不公平情绪、效能和认同都是集体行动的前因变量，而态度、意愿或行为均可以作为集体行动因素来测量，如参加宣传活动、签名抗议、示威游行等。在此之后，集体行动研究进入了由社会认同理论主导的模型时代。同时，也有研究者认为，需要进行集体行动的现场研究，并在进行相应的质性研究后，提出了精细化社会认同模型，认为在群体互动中，社会认同是动态的（Lickel，Miller，and Stenstrom，et al.，2006；Stott，Hutchison，and Drury，2011）。加拿大学者 Wright（2009）也提出了集体行动研究的方向，从另一个角度整合了社会认同理论、自我分类理论以及相对剥夺理论中的重要变量，以更好地解释集体行动发生和发展的原因。

2010 年发生的"阿拉伯之春"事件使人们开始关注线上集体行动（Lotan，Graeff，Ananny，et al.，2011；McGarty，Thomas，Lala，et al.，2014），其包括线上政治行为、线上社会运动等，多数研究者关注了社交媒体给集体行动带来的改变。一项研究探讨了参与网上政治讨论的团体如何促进线下的政治参与（Conroy，Feezell，and Guerrero，2012），社交网站的信息用途和社会用途影响个体参与抗议活动的情况（Velasquez and LaRose，2015），通过研究美国和拉丁美洲的社交媒体使用者的情况，研究者发现线上政治集体行为可能会变成线下政治运动（Harlow，2012）。McGarty 等（2014）调查了"阿拉伯之春"事件中北非的反抗运动，认为围绕社交媒体和传统媒体可以形成基于某种观点的群体，从而影响集体行动、社会运动的发生。在近期的研究中，研究者开始将社会认同模型应用于其中，认为可以将基于观点的社会认同作为线上集体行动的群体认同（Thomas，Mcgarty Lala，et al.，2015），并应用访谈和质性研究方法对该观点进行了验证（Smith，Gavin，and Sharp，2015）。研究者依然采用整合的群体认同模型来考察这种新型的集体行动，但主张使用不同群体认同的研究则尚在继续探索中。到目前为止，研究者主张从现实集体行动的理论和已有实证结果出发，进行网络集体行动的研究，发掘其不同之处并构建新的理论框架。继 2012 年《欧洲社会心理学》（*European Journal of Social Psychology*）出版专刊对有关集体行动 20 年来的研究论文进行整理之后，2016 年该刊物又出版了以全球化为主题的专刊，其中就重点关注了全球性的集体行动和网络带来的集体行动。

进入 21 世纪以后，国内研究者主要从社会学、政治学的视角对集体行动进行探索，首先进行的是集体行动的概念界定，同时对集体行动的影响因素、成因分析、信息传播、应对策略进行了探讨（张书维，2013；张书维、王二平、周洁，2012；张书维、周洁、王二平，2009）。在 2013 年以后，社会心理学者开始从心理学的实证角度验证集体行动的相关模型。张书维等（2012）验证了集体行动受到相对剥夺的作用，而且通过愤怒和效能路径对集体行动产生影响，在此基础上，他们还探讨了情境的利益相关性对两条路径的调节作用。张书维（2013）还进一步验证了集体行动的双路径模型的前因变量。薛婷等（2013）在研究中探讨了在现实情境和网络情境下，多重社会认同通过愤怒和效能路径对集体行动的作用机制，尽管得到了一些与国外研究不一致的结论，但其对多重认同的研究比一般的西方研究还要早，推进了我国集体行动研究的发展。

需要说明的是，国外较为有影响的研究者分为两派，他们对如何开展集体行动持有不同的主张。一派是以克兰德曼斯（Klandemans）和冯·萨默斯（Van Zomeren）等为代表的荷兰研究者，其主张根据群体认同理论来探索集体行动的影响因素与机制，构建相应的集体行动的理论模型；另一派是以赖特（Wright）等为代表的加拿大研究者，其从群际关系的视角关注社会分层中的流动性，主张更多地使用相对剥夺理论进行研究。这可能与不同区域的文化传统有关，社会认同理论是基于欧洲的社会传统提出的，重视个体在群体中的归属感，认为个体与群体之间有密切的相互关系，个体在群体中的地位非常重要。而美国则是基于自由主义的商业传统，计量个人的实际作用，关注理性思维和实用主义，所以其在理论中关注与他人的比较和成功情况的计量，关注个人和群体遭遇的相对剥夺程度，以及使集体行动成功的群体效能。

综上所述，集体行动作为社会科学和社会心理学研究中的热点问题，需要国内研究者结合有关变量做进一步推进，并保持密切关注。

2.3.4 集体行动的理论视角

关于集体行动的研究开展至今，已过了一个世纪的时间，虽然不同领域的研究者针对集体行动的发生和发展机制提出了各种理论，但一直未能达成共识。众多理论从社会宏观层面、中观层面和微观层面来研究与解释集体行动的相关机制。本书根据已有文献，重点介绍现有现实（线下）集体行动的常用理论和已经运用在线上集体行动相关实证研究中的理论观点。由于每种理论几乎都是在社会科学或社会心理学中占重要地位的理论，在此因篇幅所限无法全面介绍，本书将在后文进行详细补充。

1. 相对剥夺理论

相对剥夺理论是社会心理学用于研究集体行动的重要理论，强调个体主观感知的作用，摒弃了以往社会学研究中认为是客观不公正带来了集体行动的观点。社会心理学的研究一直表明，客观因素的预测作用常常不如主观因素，同样，客观不公正也不如主观感知到相对剥夺（不公平）对集体行动的发生有预测力。因为即使发生了客观不公正，个体和环境也有可能影响个体的不公平感知。相对剥夺的概念最初是由 Stouffer（1949）在社会学研究中提出的，但它有着浓重的社会心理学意味。相对剥夺感的起源在于社会比较，如果没有社会比较，相对剥夺也就不会产生（Zhang，Wang，and Chen，2011）。客观剥夺可能没有引起人们的不满意感，但主观比较带来的体验却可以产生不满意感，进而出现相对剥夺感。

（1）相对剥夺的定义

相对剥夺是指与参照群体相比，处于不利地位的个体对自身不利地位的感知（Stouffer，1949；Walker and Smith，2002）。一般来说，相对剥夺是一种感知到被剥夺的主观感受，这种主观感受并不是一种基于固定标准的绝对差异，而是在与其他处于优势地位的个体或群体（以及其他对象）进行比较后产生的主观落差。Runciman（1966）认为，相对剥夺是一种被剥夺的主观感受，在客观上被剥夺的现实并非相对剥夺的必要条件。由于相对剥夺必须进行社会比较，也就必须拥有比较对象，如社会阶层、生活层次、经济收入、政治权利、群体地位和幸福感等（Pettigrew and Tropp，2008）。也就是说，研究者需要明确人们对自身状态的评价往往取决于比较的过程，而不是将其绝对收入作为主要评估的因素。

相对剥夺包括个体相对剥夺（egoistical relative deprivation）和群体相对剥夺（fraternal relative deprivation）两种类型（Runciman，1966）。这是由于个体的比较对象不限于其他的特定个体，也可以是一种群体身份与其他群体状态的比较。那么，每个个体自然就产生了相对于个人的剥夺感或不平等的感觉——这种剥夺感是由个体自身遭遇不平等造成的；也可以产生自身所在群体相对于优势群体的剥夺感——这种相对剥夺感是由自身群体遭遇不利造成的。同时，相对剥夺还能通过对过去和未来进行时间上的比较而产生。

相对剥夺感的定义包括两种成分：一种是认知成分（cognitive component），另一种是情绪成分（affective component）（Runciman，1996）。其中对于自身与优势地位的比较对象之间的落差程度的认知是相对剥夺感的认知成分；由这种认知导致的愤怒、怨恨、不满、失望等情绪是相对剥夺感的情绪成分。需要注意的是，认知成分是情绪成分产生的原因。

相对剥夺的产生依赖于四种条件（Runciman，1966）。第一，个体能够意识到自身或其所在群体处于弱势，缺乏优势群体或支配群体的某种资源；第二，个体能够意识到内群体中的其他人员或外群体具备优势，占有自身或内群体缺乏的相应资源；第三，个体必须有拥有相应资源的期待；第四，个体的这种期望具备合理性。这里与合理性相对应的虽然不是权威合法性，但是其与权威合法性有关系，当个体处在一个层级社会结构中的时候，如果该个体认为权威的这种安排是合理的，其需求自然就不具备合法性了。Folger（1987）指出有三种条件是影响相对剥夺强度的主观因素：当前分配结果的合理性、个体自身获得更好结果的可能性、当前相对剥夺减小的难度。当具备这三种因素时（可能不需要全部具备），个体就能够明显地感知到更强烈的相对剥夺感。

（2）相对剥夺与集体行动

大量的实证研究证实了相对剥夺是集体行动的前因变量（Klandermans，2004；Shi，Hao，Saeri，et al.，2015；Van Zomeren，Spears，and Leach，2008；张书维等，2009；张书维等，2012）。参与集体行动的个体总是能感知到自身在社会中的弱势地位，这种弱势地位使个体感知到相对剥夺，从而引发集体行动。相对剥夺的概念自被提出后就被研究者用于研究集体行动，尤其是 20 世纪中后期发生于美国的大量民众运动与骚乱，如反战运动、黑人权益运动和妇女权益运动。社会学学者从社会结构的宏观角度出发看待相对剥夺，认为有一种"挫折—反抗"机制，即每个人都有某种价值期望，而社会则有某种价值能力，当社会变迁导致社会价值能力远远小于个人的价值期望时，相对剥夺感就会随之产生（Gurr，1970）。这种相对剥夺感越强烈，人们参与集体行动的可能性就越大。著名的加值理论模型（value-added model）也体现出结构性的相对剥夺感对集体行动的重要作用（Smelser，1962）。而心理学则关注个体遭遇相对剥夺后的状态和行动，大量实证研究表明，相对剥夺与集体行为呈中等程度的显著相关，尽管有时候这种相关并不一定会导致集体行动，但其一定是集体行动的重要前因变量（Van Zomeren，Postmes，and Spears，2008）。

与个体相对剥夺相比较，群体相对剥夺更容易引发集体行动，当前研究者一般都使用群体相对剥夺（感）来研究集体行动。集体行动的研究从关注个体对不平等的感知转向对群体相对剥夺的感知，这是理论发展的结果（Van Zomeren，Postmes，and Spears，2008）。个体相对剥夺虽然也能够引发集体行动，但个体更容易感知到的是一系列情绪和行为，如沮丧、自责、进行阶层流动等，这并不容易导致集体行动的发生（Tyler and Huo，2002）。而遭遇群体相对剥夺、感受到群体相对剥夺感的个体，则更容易出现群际偏见（Pettigrew and Tropp，2008）以及集体行动（Tyler and Lind，1992）。张书维等（2009）对汶川地震灾民进行研究后发现，群体相对剥夺相比个体相对剥夺对群体成员参与集体行动的意愿预测力更强且有显著差异，受到双重剥夺的灾民参与集体行动的意愿更为强烈。同样是王二平的小组，连续在三个研究中发表了关于相对剥夺对集体行动起到显著正向预测作用的实证证据（张书维、王二平，2011；张书维，2013）。

相对剥夺感存在的情绪成分和认知成分对集体行动都有预测作用。Klandermans 等（2004）认为，个体感知到利益损害和愤怒是其参加集体行动的原因，即个体参加集体行动的前因变量是相对剥夺的两种成分。其中相对剥夺的情绪成分相比认知成分而言，对集体行动有着更强的预测作用，但是情绪成分存在不同类型的情绪。Smith 等（2012）认为，相对剥夺会导致个体产生愤怒、恐惧、悲伤等不同类型的情绪。愤怒可以使个体攻击伤害源头，悲伤可以使个体退缩，恐惧可以使个体变得谨慎。相对剥夺理论重视情绪成分对集体行动的预测作用，后续的研究据此发展出群体愤怒，并将其作为预测集体行动的核心变量之一（Van Zomeren，Postmes，and Spears，2008）。后文会对此问题进行详述。

值得一提的是，相对剥夺的情绪成分受到四种因素的影响。第一是合法性，如果导致个体产生相对剥夺的程序或制度不合法，个体就会产生更多的愤怒情绪，而合法性的权威制定的程序往往更加合法。当个体将群体的弱势地位归结为是由合法程序或制度造成的时候，愤怒情绪产生的可能性会较低（Ellemers，Spears，and Doosje，2002）。第二是责任性，即在处于不利的弱势地位时，如果导致这种情况的责任在于外群体或其他个人，愤怒和悲伤的情绪就会出现（Van Zomeren，Spears，Fischer，et al.，2004）。第三是集体效能，当经历相对剥夺时，个体如果感知到自我处于效能较高的群体，则容易产生愤怒情绪；但如果个体感知到群体效能较低，则会产生恐惧情绪，而不去改善自身地位。第四是变化性，当个体感知到群体的利益能够得到改善时，往往更容易愤怒；反之，个体感觉到的情绪则是悲伤和恐惧（Folger，1987）。

（3）相对剥夺的测量和操纵

采用量表方式进行主观报告是相对剥夺的常见测量方法。其中应用较多的是 SASS 量表（Self-Anchoring Strving Scale），其给出一个 0～10 级的阶梯示意图，报告者可以指出目前自身生活水平在阶梯中大概所处的位置（Cantril，1965）。分数越低，表示生活越差；若分数为 0，则是最差的生活，反之就是最好的生活。也有研究者直接将个体认知到的比较结果作为相对剥夺的认知成分进行考察，但随即发现仅仅对相对剥夺的认知成分进行测量，不能像将相对剥夺的认知成分和情感成分一起测量那样很好地解释个体的态度与行为（Guimond and Dubé-Simard，1983）。后续研究者赞同该研究方法，将共同测量相对剥夺的两种成分作为测量的一种基本方法（Walker and Smith，2002）。这种测量方法能够较为方便地运用到已有的以调查为主的实证研究中。

对于如何操纵相对剥夺，较少有研究考虑该问题，多将其直接视为一种背景情境。Guimond 和 Dambrun（2002）最早通过情景实验来诱发大学生感知到群体相对剥夺，通过让被试阅读一段关于"心理系毕业生与本校经济系/法律系毕业生相比的就业差异"的材料进行相对剥夺的操纵。这种方式并未区分相对剥夺水平高低的差异。荷兰研究者随后使用了类似的情境实验范式，使被试感受到群体相对剥夺（即作为情境）后，探索社会认同与集体行动之间的关系（Van Zomeren，Spears，Fischer，et al.，2004）。Van Zomeren 等（2002）在研究中将程序公平与不公平作为自变量，这尽管类似于相对剥夺感的操纵，但其研究的仍然是程序公平通过中介变量（群体愤怒和群体效能）作用于集体行动意愿的双路径模型。以上操纵群体相对剥夺的方式，多作为一种背景变量，而非真正用于对照的操纵变量。但需要明确的是，Smelser（1962）提出加值理论模型时就指出，结构性的群体相对剥夺是引发集体行动的第二层因素，而触发事件是引发集体行动的第四层因素。现有的研究者将触发事件也进行了分离，认为不同的触发事件会调节个体参与集体行为的动机强度（Van Stekelenburg and Klandermans，2010）。张书维（2012）基于此在国内进行集体行动研究时对研究方案进行了一些改变，将集体行动的发生情境分为利益相关事件和利益无关事件。研究者操纵了相对剥夺的程度，同时探讨了在不公平的触发事件发生后，群体相对剥夺对集体行动意愿的影响，并进一步研究明确了触发事件、相对剥夺和群体认同三者与集体行动意愿的交互作用关系。这说明研究群体相对剥夺作为情境触发时需要注意区分不同类型的触发事件。

2. 资源动员理论

（1）资源动员理论概述

资源动员理论（Resource Mobilization Theory，RMT）最早出现在 20 世纪 70 年代，该理论认为相对剥夺每天都在发生，但并不是时时都存在集体行动。这意味着一定存在影响集体行动发生的其他原因，而这个原因往往是组织集体行动前拥有的资源（如群体拥有的可自由支配的时间与金钱等）（McCarthy and Zald，1977）。如果某个企图进行集体行动的群体可以利用现有的大量资源开展动员活动，那么该群体就能够获得更多的改善群体地位的机会；如果该群体拥有的资源较少，也就很难表达自己的诉求，集体行动将很难实施。

资源动员理论的重点和特点在于，其突破了当时占据主流的理论观点，当时大部分理论都继承了 Le Bon 看待集体行动时所采用的非理性态度，而该理论却从理性的角度出发，将理性行动作为集体行动的内在逻辑。该理论强调集体行动成员必须拥有实现目标的相应资源，才有可能进行集体行动。而以往的研究者提出的理论往往是从统治者的角度出发，将集体行动看作一种"病态"的行为，这违背了科学研究的中立性。同时，该理论还批判了传统集体行动理论的非理性视角，认为理性地调动群体所具备的资源是集体行动的有效性和成功实现群体目的的基本条件，如果能够合理地调动相应资源，个体对集体行动的成功就有了信心，当他们认为损失小于参加集体行动的收益时，才会主动地参加集体行动。该理论得到了大量后续研究者的跟进，因为缺乏组织是无法进行任何社会运动的。但是该理论也有其弱点，那就是仅仅从理性的收益角度考虑个体的行为，忽视了群体文化话语的作用，这种文化话语会在随后的社会心理学研究中以社会认同或文化环境的方式被提出。

（2）群体效能与集体行动

群体效能随着资源动员理论的出现被定义，即群体内成员对本群体所拥有的进行集体行动的所有资源的主观感受（Klandermans，1984），或者群体内的个体对本群体完成特定目标的可能性估计（Gibson，2004）。Bandura（1994）从个体自我效能的定义出发，将群体效能定义为群体成员所拥有的对共同努力实现群体目标的信念。当个体感知到群体效能时，其就能够对已有的行动目标（如集体行动）能否成功产生自己的认知，也就是说，当个体感到改善自身群体地位的行动能够成功时，自然也就更加愿意参加集体行动，从而有利于集体行动的发生。换句话说，研究者也就能通过群体效能有效地正向预测集体行动。

大量实证研究证实了利用群体效能预测集体行动的理论判断。只要个体觉得集体行动能够用一个可接受的代价换取成功的结果，那么个体就更加愿意参加集体行动，同时群体认同能够有效地提高群体内成员的群体效能（Klandermans，2004）。通过对以往研究的元分析，研究者发现，群体效能是集体行动的主要解释变量之一（Van Zomeren，Postmes，and Spears，2008）。随后 Van Zomeren（2010）的实证研究也证实了群体效能与群体愤怒对集体行动的预测作用。他认为，个体是经过理性的收益成本比较，基于比较的结果而进行利益最大化的行动——参加或不参加集体行动，在这种集体行动参与决策中，关键的变量就是群体效能，只有当个体目标能更好地实现时，个体才会将积极参加集体行动作为行为方向；反之，则会选择个人进行群体流动等方式来改变弱势地位。张书维等（2012）对集体行动的研究也证实了在我国国内，群体效能对被试是否参与集体行动具有良好的预测作用。薛婷等（2013）的研究同样得到了该结论。

3. 社会认同理论

(1) 社会认同理论概述

社会认同（social identity）是"自我完整概念的一部分，来源于个体对自身从属于某一特定社会群体的认识，同时认识到作为该群体成员所能获得的价值和情感意义"（Tajfel and Turner, 1986）。群体认同则属于个体社会认同，是指个体与某一组织或群体成员的身份意义感。群体认同程度决定了个体自我概念中的群体身份的整合程度。社会认同理论受欧洲社会学说的影响，重视社会话语及其建构。该理论认为，群体成员意识到自己属于某一个群体，并感知到自身获得了价值和情感，原因在于社会认同的动机是提升个体的自尊，以及通过社会比较认识自身。所以，群体认同也需要通过社会比较来建立，但这种社会比较不用于经典意义上的社会比较，而是为了了解内群体的特殊性，然后经过内化，将群体特征变为自我概念的一部分。而基于提升自尊的动机，个体总是对群体认同的群体身份带有积极的认知评价、情感体验和价值承诺（Tajfel and Turner, 1986）。所以当群体成员属于从属群体（相对于主导群体），并遇到以下三种情况时，就会出现提升自身群体地位的动机，从而导致其参与集体行动，以期改变自身群体的不利状态：感知到群体间地位的差异不正当（illegitimate），感知到群体间地位不稳定（unstable），感知到群体间边界无法渗透（impermeable）（Tajfel, 1982; Turner, et al., 1987; Van Zomeren, Postmes, and Spears, 2008）。

群体认同理论弥补了资源动员理论单纯从理性的功利视角出发解释集体行动的不足，将其不能解释的集体行动产生机制也纳入理论的解释范围中。因为大量集体行动的参与者并不完全是利益相关者，例如，在争取女权的集体运动中有不少男性参与者（Mallett, Huntsinger, Sinclair, et al., 2008），而男性毫无疑问不是该集体运动的直接利益相关者。这种无法被资源动员理论解释的现象在21世纪越发增多。尤其是在线上集体行为中，即便是原有的群体边界或意识形态都被消解，与网络群体直接利益相关的事件更是基本不存在。所以群体认同可能可以更好地适应更多形式或种类的集体行为研究。

（2）群体认同与集体行动

如上所述，群体认同应该能够很好地预测集体行动。研究者考察发现，欧洲国家农民参与集体行动的意愿可以通过群体认同进行正向预测（Klandermans，2004）。在另一些实证研究中，大学生应对学费上涨的集体行动意愿可以通过群体认同进行良好的预测（Van Zomeren，Postmes，and Spears，2012；Van Zomeren，Spears，and Leach，2008）。薛婷（2013）对集体行动的研究也证实了在我国国内，群体认同对被试参与集体行动有着良好的预测作用。王二平的课题小组在进行实地调研时发现，虽然参与集体行动的个体并非直接利益相关者，也并非与当事人有着某种直接关系，但是他们仍然会积极地参加集体行动。此时，他们注意到群体性事件的参与者常常会在谈论中提及"我们老百姓"和"他们政府"，言语之中将官民界限划分得很清晰（张书维，2010）。所以，只要满足上文所述条件，当这种群体认同深刻地加入自我概念时，就应该能够对集体行动起到预测作用。鉴于集体行动能通过群体认同得到有效预测，研究者进一步挖掘了对集体行动具有重要预测作用的变量，提出了几个新的适应性广泛的变量并组成模型，企图整合原有理论体系中的理性与非理性倾向，为集体行动研究提供了新的思路。

4. 新型理论模型简介

集体行动的整合社会认同模型（Social Identity Model of Collective Action，SIMCA）是研究者进行元分析后提出的模型（Van Zomeren，Postmes，and Leach，2008）。该模型也叫双路径模型，后文会提到研究者在2012年解释该模型的理论观点时，将其称为动态双路径模型。研究者分析了关于集体行动的182篇文献，回顾了上文中提到的三个主要理论，找出了研究者最关注的三个重要的预测变量，以便对个体参与集体行动的意愿进行预测，如图2-1所示。其中相对剥夺感是集体行动的前因或前提；群体愤怒出自群体相对剥夺感的研究，结合了情绪理论的发展；群体效能出自资源动员理论，群体愤怒与群体效能构成了集体行动的双路径模型。群体认同是该研究者提出的核心解释变量，最终形成了一个全新的集体行动心理模型，并能够针对集体行动的发生给出中等程度的解释。需要注意的是，群体认同的前因地位是可以改变的，希望相关领域的研究者进一步厘清变量间的关系。比较稳定的是群体效能和群体愤怒两条路径对集体行动的影响。

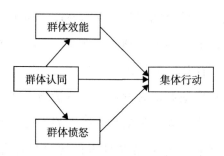

图 2-1　集体行动的整合社会认同模型（SIMCA）

不少研究者对 SIMCA 进行了研究，并提供了许多实证研究的支持（Alberici and Milesi，2013；Becker，Tausch，Spears，et al.，2011）。Van Zomeren（2008）通过情境实验对荷兰大学生参与集体行动的动因进行了研究，将大学生认同作为群体认同，验证了集体行动的社会认同模型。随后，该研究者分别在 2010 年、2012 年对该模型进行了验证后的扩展，将道德加入该模型中以提高其解释力。Thomas 等（2015）通过三次对不同群体进行问卷调查，成功验证了该模型，认为该模型的变量关系是可以接受的。薛婷等（2013）也基于该模型和双路径模型，考察了多重认同对该模型的影响，尽管其认为自己充分考虑了网络情境下该模型的拟合程度，但该研究采用的集体行动与西方所关注的线上集体行动仍有很大区别，并未考虑网络上典型的行为形式，如在线评论与转发等（Thomas，et al.，2015）。不过，Thomas 等（2015）将其他的线上集体行动形式作为因变量时，该模型也得到了验证。同时集体效能对线上集体行动作用的研究得到了与该研究同样的结果（Velasquez and LaRose，2015）。

　　同时，部分研究者针对群体认同、群体效能和群体愤怒三个核心变量提出了同样有力的解释模型，这些模型也得到了良好的验证。集体行动的社会认同概括模型（Encapsulated Model of Social Identity in Collective Action，EMSI-CA）将群体认同作为群体愤怒（不公正情绪）和群体效能对集体行动影响的中介变量，虽然仍然将群体认同、群体效能和群体愤怒作为主要的预测变量，但变量的关系完全不同（Thomas，McGarty，and Mavor，2009）。该研究认为，群体愤怒和群体效能是某种情境下形成认同的基础，然后通过这种认同来进一步预测集体行动的发生。该理论也得到了验证，即基于观点的群体可以预测对人道主义集体行动的支持（Thomas and Louis，2014）。基于观点的群体的出现只需要共享价值观和观点即可，并不需要该群体本已存在（McGarty，Bliuc，Thomas，et al.，2009）。这种观点很好地解释了一些本来不存在的群体在某天突然出于统一的目的进行集体行动的现象。尤其是在网络集体行动大量发生的今天，已有的 SIMCA 模型只能将现实中已有的一般性认同而非某一具体细分群体作为已有的群体认同（如人类群体认同）放入模型，而采用基于观点的群体认同与 EMSICA 开展研究，则提供了不同的思路。McGarty（2014）调查了北非的大规模反抗运动，认为运动大规模爆发的原因在于围绕社交媒体和传统媒体形成了基于观点的群体。研究者同时使用社会认同模型（以全人类认同为群体认同）和社会认同概括模型（以行动群体认同为群体认同）对全球网络中兴起的反对"博科圣地"的集体行动进行了研究，结果发现两种模型都可以解释该集体行动，但社会认同模型的解释力更强，证明全新的线上集体行动作为 21 世纪集体行动的一种新形式，也可以使用已有的理论加以解释，但仍需要对新的社交媒体形成的新形式的集体行动进行充分的研究（Thomas，et al.，2015）。

　　需要说明的是，整合社会认同模型是建立在元分析基础上的模型，偏向于对已有研究结果的描述，Van Zomeren（2012）为了回答该模型中的具体机制，提出了应对群体不利的动态双路径模型。该双路径模型以群体不利为自变量，认为个体在分析了自身和群体的关系之后（群体认同度高低），通过不公平的责备影响群体愤怒（情绪聚焦的应对路径，emotion-focused approach coping）和应对不利的潜力影响群体效能（问题聚焦的应对路径，problem-focused approach coping）两种中介过程，影响集体行动的机制，如图 2-2 所示。由于群体处于不利状态，必须找到是谁（自身、他人或机构）的责任，当然也需要判断该对象的行为是否公平（Lazarus，1991；Van Zomeren，Leach，and Spears，2012）。导致群体不利的属于外群体的个体或机构是愤怒的基础（Frijda，1986；Scherer，Schorr，and Johnstone，2001），而愤怒总是能够激起个体对指责对象的攻击行为（Lazarus，1991）。所以这种对外群体造成的不公平的责备是群体愤怒的基础。如果不能责备不公平，那么就会产生悲伤、不满，即相对剥夺理论中提到的另一种类型的情绪，很显然这样就不能很好地预测集体行动（Walker and Smith，2002）。研究者强调，在这一过程中，个体会不断地进行认知重评，从而动态修正该模型。由于采用动态机制，所以其很好地解释了为何以上的 SIMCA 和 EMSICA 模型都可以较好地解释集体行动的机制。但需要注意的是，研究者的理论设想与前人并不完全相同，而是将个体作为一种理性的"经济学家"，认为这两种应对路径虽然从字面上看一个是"情绪"路径，另一个是"效能"路径，但实际上二者都是"理性"的认知过程（Lazarus，1991）。当然，该"理性"也只强调两条路径的认知属性，是经济学家认为的理性，并未完全论证情绪聚焦路径是纯理性加工。

该模型是一种理论模型，其在提出前和提出后都得到了国内外不少实证研究的验证（Stürmer and Simon，2009；Van Zomeren，et al.，2004；Van Zomeren，Spears，and Leach，2008；Van Zomeren，Spears，and Leach，2010；张书维等，2012）。但由于每一种社会认知过程肯定是自发性加工和控制性加工相混合的认知加工方式（Chaiken and Trope，1999；Evans and Frankish，2009），且相关研究均采用外显的自我报告法，所以是否真如该研究者所论断的那样每条应对路径都是理性加工，尚无实证证据可资证明。

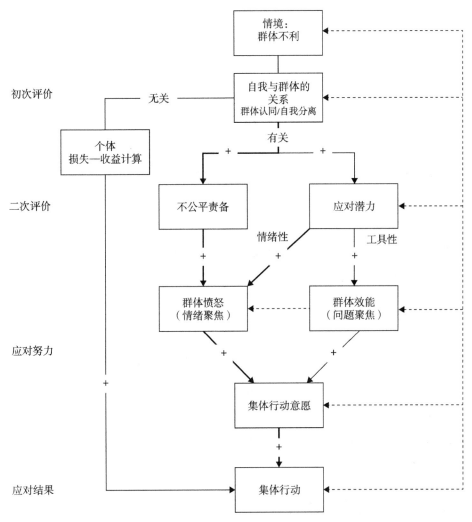

图 2-2 应对群体不利的动态双路径模型

注：图中粗线为情绪聚焦路径，细线为问题聚焦路径，虚线为认知重评的动态路径。

Smith 等（2015）研究者专门对现有理论解释线上集体行动的机制提出了质疑，并提出了一种适应于网络信息交互之后形成观点群体的理论，称之为认同—规范关系形成模型（identity-norm nexus formation model）。该模型认为，个体知觉需要通过群体讨论共享认知和社会认可而形成认同感与规范的联系后，形成共享的认知、信念、观点和想法，基于此集体行动才得以发生。全球化带来的全网以及现实中的"占领华尔街"行动成为该研究者验证其模型的良好机会，于是其团队通过分析 5343 条该运动发生时在社交媒体"脸书"上的转发热点行为，得出了线上讨论确实可以作为社会运动中的认同—规范基础的结论（Smith，Gavin，and Spears，2015）。该结论尽管还没有直接的实证证据，但是在线讨论和集体行动的关系确实存在（Alberici and Milesi，2015）。

总体来看，集体行动理论和相关模型都提出，对于集体行动而言，相对剥夺是整个事件的前因或背景信息，而社会认同、群体效能和群体愤怒是集体行动的重要预测变量（双路径模型）。但是，对于将哪种群体认同运用于线上集体行动的研究目前还有争议，按照现有理论模型（SIMCA 和 EMSICA）开展研究时，采用线上集体行动和线下集体行动的群体认同所处的变量位置可能并不相同。所以，当研究者需要对两种类型的集体行动进行对比研究时，需要考虑是否采用群体认同作为重点关注变量，并且依据研究特点确定相对剥夺、群体愤怒和群体效能是相同类型群体还是不相同类型群体，从而规避由并非同一类型群体认同给研究带来的不利影响。本书的重点在于比较权威合法性在不同类型的集体行动中的作用，所以会在线上和线下集体行动的比较中，关注相同类型的群体，从双路径模型中的效能和情绪路径来开展研究。

2.3.5 权威合法性与集体行动

在北美社会心理学界使用原子论和还原论研究集体行动的社会心理时，就有早期研究者关注到权威合法性与集体行动的关系，该实证研究发现，权威合法性和个体参与集体行动呈负相关（Worchel，Hester，and Kopala，1974），而传统权威，如父母、牧师等的合法性与个体参加抗议的相关度达到了−0.92。关于权威信任的研究也发现，不信任能够激发抗议行为（Muller and Jukam，1977；Muller，Jukam，and Seligson，1982；Pierce and Converse，1989）。这些研究试图将 20 世纪 60 年代发生在美国的高频集体行动和不信任相联系，然而研究者却发现该关系并不稳定（Abravanel and Busch，1975；Citrin，1977；Jackson，1973）。而政治信任对于民众与政府的合作行为的预测作用却相对稳定（Levi and Stoker，2000）。需要说明的是，对政治信任的研究从单纯的政府信任转向了对不同的层级社会结构中权威的信任，关注对特定权威（在社会结构中，包括组织、政府部门等）的信任，这与本书对权威合法性关注的权威范围是一致的，也是合法性当前研究的重点之一（Levi and Stoker，2000）。

早期社会心理学家的看法为理解权威合法性的作用提供了基础（Levi and Stoker，2000），即权威合法性与集体行动之间存在一定的相关性。研究者在对合法性的研究进行总结后认为，权威合法性提供了一种使人们支持权威并减少群体反抗不公平现状的可能（Walker and Zelditch，1993；Zelditch，2001）。也就是说，群体对不公平现状的反抗有可能受到权威合法性的调节。Hegtvedt（2003）据此认为，权威合法性能够减少不论是程序不公还是分配不公带来的不公平感。王二平（2012）在根据社会态度做群体性事件预警时，也认为对政府工作能力的信任对群体性事件有预警作用，但其不是直接通过均数起到预测作用的，而是两极差异的程度能够提高预警能力。这说明在中国，权威合法性与集体行动之间存在一定的相关性，且不能较好地直接预测集体行动。所以本书认为，权威合法性有可能调节相对剥夺与集体行动间的关系。而 Van Zomeren 等（2008）的元分析也发现，整合的社会认同模型对集体行动只有中等程度的解释力，这说明需要继续对原模型进行扩展。那么，这种调节作用有可能存在吗？它又会通过哪条路径中介影响相对剥夺与集体行动的关系呢？本书必须从已有的理论与实证研究中进一步发掘权威合法性与集体行动相关的相应证据。

由于集体行动的相关理论直接提及的更多是群体地位或群体不利的合法性，所以研究者首先需要明确权威合法性与群体地位合法性之间的关系。一方面，如前文所述，合法性是一个广义的心理学概念，其包括权威和社会制度等的合法性、权威合法性和群体不利地位的合法性等（Tyler，2006）。研究者已经指出，合法性均是通过群体过程形成的，并非完全的个体变量（Walker and Zelditch，1993），所以两者都可以应用在群体层面的研究中。只是在开展具体研究时，研究者可以据此选取更合适的分类。实际上，群体地位合法性的提出是因为研究的重点在于群体间的关系，需要对群体层级的合法性进行描述。这两种合法性属于两个分类，内部合法性分类针对的是权威（行为与决策）的合法性，群体地位合法性则是一种外部合法性。另一方面，正如前文所述的定义，导致群体不利的因素一定是权威或制度（Van Zomeren，Leach，and Spears，2012）。当关注层级社会中两者的概念时，如果群体不利地位均是由权威的行为或决策导致的，群体地位的合法性水平也就与本书中权威合法性的水平高度相关，甚至几乎一致了。因为当权威合法性高时，人们会认为权威的决策是恰当的、合理的和公正的，按照定义，这也就意味着群体地位的合法性也较高。总的来说，尽管两种合法性的关注重点不一样，但在层级社会结构，如学校、组织或社区中研究权威合法性与集体行动的关系时，可以采用经典集体行动理论中群体地位合法性的观点来启发和挖掘权威合法性在集体行动中的作用机制。值得一提的是，我国是一种权威主义环境（赵鼎新，2012），我国的社会结构多数呈现层次社会结构，所以导致群体弱势的原因通常是权威，发生于我国的群体性事件所针对的主体也十分明确，一般是指一种社会管理机构的权威。所以群体地位合法性的理论观点也可以更好地启示研究者在我国的层级社会结构中研究权威合法性与集体行动的关系。

1. 权威合法性与集体行动的经典理论

合法性是群体认同理论在解释集体行动发生原因时的一个重要变量。该理论认为，个体参与集体行动的必要条件之一就是群体成员认为自身弱势群体的处境是低合法性和不公正的（Tajfel，1982）。也就是说，在群体地位处于弱势的合法性低时，由群体认同导致的集体行动会更容易发生。如前文所述，在层级结构社会中，当群体不利发生时，即触发事件发生时，权威合法性应该能调节群体认同对集体行动的影响。

　　回顾集体行动的相关理论，可以发现，从相对剥夺理论中提取出的相对剥夺感，尤其是群体相对剥夺感对集体行动的预测作用最强，也最稳定。如前文所述，许多研究证实了这一点（Klandermans，2004；Van Zomeren，Spears，and Leach，2008；张书维等，2009）。相对剥夺感是一种主观感受，指的是群体成员对于自身群体相比于优势群体所产生的不公平的主观感受，即相对于优势群体而言被剥夺了部分利益（Crosby，Pufall，Snyder，et al.，1989）。研究者在实证研究的基础上证实，当群体处于不利处境时，导致群体不利的过程合法性较低，是个体感受到群体相对剥夺感的前提（Crosby，1976；Folger，1987；Mummendey and Wenzel，1999）。Grant（2008）通过横向研究证实了以上分析，即导致群体不利的合法性起到了调节作用。也有研究者表示，当群体间被差别对待的合法性高时，群体更有可能放弃群体抗争（Jetten，et al.，2011）。通过对相应理论和实证研究的具体分析，也可以得出同样的结论，并发现其可能的内在机制。客观上群体遭遇不公平对待后，会以群体内成员的身份与外群体中的个体进行比较，只有当个体感知到不公平时，才会引起群体相对剥夺感（Smith，Pettigrew，Pippin，et al.，2012）。在群体相对剥夺的背景下，个体会判断内群体是否遭遇了来自外部的不公平对待，从而感知到极强的不公平感，并产生改变现状的渴求（Van Zomeren，Leach，and Spears，2012）。相应的，大部分有关集体行动的实验研究将程序不公操纵作为前因变量（Van Zomeren，et al.，2004），或者将程序不公操纵作为情境（Stürmer and Simon，2009；Van Zomeren，Postmes，et al.，2011；Van Zomeren，Spears，and Leach，2008），从而使被试感知到个体不公平感，同时通过群体成员身份进行社会比较而产生群体相对剥夺感（比个体相对剥夺更有效），达到操纵集体行动发生前因的目的。而根据权威合法性的相关研究，当个体感觉到权威合法性高时，会认为不公平的结果并非不公平的，同样也不会认为导致分配结果不利的分配程序是不公正的（Hegtvedt，et al.，2003）。也就是说，当个体感知到一件不公平事件（如校方不经学生同意就决定涨学费）发生时，如果其感知到更高的权威合法性，那么，与感知到较低权威合法性的被试相比，会较少地感知到不公正。综上所述，权威合法性能够调节相对剥夺对集体行动的影响。

2. 权威合法性与双路径模型

根据动态双路径模型，可以推测权威合法性的调节效应的具体影响路径。该模型指出，在群体相对剥夺的背景下，其个体一定会判断内群体是否遭遇了来自外部的不公平对待；同时指出，以前研究者的观点是导致群体不利的属于外群体的个体或机构是引发愤怒的基础（Frijda，1986；Scherer，et al.，2001）。具体来看，针对情绪聚焦的路径的理论分析认为，只有当个体认为导致群体不利的个体、权威或机构的行为不公平、不正当时，才会责备该责任人，进而产生愤怒（Van Zomeren，Leach，and Spears，2012）。如上文所述，权威合法性能够减轻个体遭遇不公平事件时自身感知到的不公正感（Hegtv-edt，et al.，2003），自然也会产生较弱的愤怒，从而弱化其参与集体行动的意愿，即情绪聚焦路径会受到权威合法性的调节。值得注意的是，以往强调情绪路径非理性的研究者也持有同样的观点。Folger（1987）认为合法性——导致群体遭遇不利处境的过程是否合法——会影响情绪的产生及其强度。如果群体成员认为群体处于不利地位是由高合法性的程序造成的，那么其产生愤怒情绪的可能性就较小（Ellemers，et al.，2002）；反之，如果群体成员认为群体不利是由低合法性的程序造成的，就容易产生愤怒情绪（Van Zomer-en，et al.，2004）。前人的实验研究给出了相应的证据，当被试认为导致群体不利处境的合法性较低时，报告了较高的愤怒情绪，并具有较强的集体行动意愿（Miller，Cronin，Garcia，et al.，2009）。根据上文的分析，在层级结构社会中，造成群体不利的原因是权威的决策或行为，那么也可以根据该理论推断，集体行动的情绪路径能够中介权威合法性的调节作用。具体来说，当权威合法性低时，无论群体遭受的相对剥夺程度高低，只要面临群体不利时，个体都会出现对不公平的责备，从而产生较强的愤怒情绪，并且都会选择参与集体行动。当权威合法性高时，只有接受高群体相对剥夺处理的个体才会更加愤怒，进而有更强烈的参加集体行动的意愿。

采用动态双路径模型的研究者，如 Van Zomeren 等（2012）对问题聚焦路径进行阐述，认为当相对剥夺发生时，个体会对自身可以动员的潜在资源进行评估，这种评估会不断进行，从而决定个体感知到的群体效能，也能很好地正向预测集体行动的发生。正如图 2-2 所示，由于该路径不是强调对不公正感知的评估，而是强调对潜在资源的评估，可以很容易地看出，权威合法性的调节作用应与该路径无关，所以本书重点关注愤怒路径是否能够中介权威合法性的调节作用，而暂不关心群体效能路径。

3. 双重加工模型视角下的权威合法性与集体行动

已有研究者认为，迫切需要在社会运动、集体行动的研究中关注双重加工模型，采用内隐测量的方式进一步开展对集体抗议的研究（Van Stekelenburg and Klandermans，2010）。原因是早在 1992 年，Garrison（1992）就提出集体行动框架中的不公平绝不是一种单纯的认知判断，而是一种热认知。随着双重加工模型的发展，外显与内隐社会认知对社会行为的影响得到了更好的理解（Evans and Frankish，2009；Gawronski，et al.，2015），之前的，研究也认为，意识形态上的某些估计会被抗议事件的态度所决定（Oliver and Johnston，2000）。有间接研究证据表明，对集体行动的内隐态度通过愤怒路径完全中介影响集体行动的意愿（Sweetman，2011）。尽管这不是内隐权威合法性的相关研究，但仍然说明了内隐态度在集体行动发生的心理机制中具有重要作用。所以本书关注内隐权威合法性在集体行动的双路径模型中的作用，以回应现有学者对集体行动需要开展相关内隐社会认知研究的关切。

尽管以往的多数研究者都认为，集体行动作为一种政治活动，是一种特别典型的有意（审慎）加工行为（Gawronski，et al.，2015）。双重加工模型理论仍然指出了另一种可能性——个体进行有意加工的动机、能力、成功机会和是否成功觉察，都会影响其是否进行控制性的认知加工。不过，在针对低动机进行加工和没有能力进行控制加工时，自发性加工的内隐社会认知会比有意识的控制加工发挥更重要的作用。那么，根据上面的文献综述，内隐权威合法性很可能在特定情况下与外显权威合法性起到同样的调节作用。例如，在个体缺乏动机或认知资源来处理相关信息时，自动加工会代替有意加工来决定个体的行为（Fazio and Towles-Schwen，1999）。本书主要依据双重加工理论，从动机的角度，关注内隐合法性是否会产生调节作用。首先，在发生高程度群体相对剥夺时，人们有更强烈的改变现状的动机；在群体相对剥夺程度较低时，个体动机也相对较弱（Klandermans，2004）。而强烈的改变自身群体现状的动机，能够使个体更多地进行有意加工。其次，在现实情境中，集体行动的原因往往与个体的利益关系密切；而在网络情境中，线上集体行动的成功与否与个体利益的直接相关性较弱（Smith，Thomas，and McGarty，2015），这导致个体认为线上集体行动改变现状带来的收益比线下集体行动的收益更低。在收益更高的情况下，个体的行动动机会更强，控制性加工也会增加（Braver，et al.，2014）。另外，双重加工理论还认为，当人们不想改变自己的态度（缺乏动机）时，也会以自动加工为主（Nosek，et al.，2011）。在我国的现实情境中，参与集体行动的后果较为严重；而在网络情境中，参与集体行动的后果相对来说不严重，这也会影响个体的有意加工。我国研究者 Shi 等（2015）曾通过实证研究发现，将网络情境（如转发）和现实情境（如聚众集会）中的集体行动分为低代价的与高代价的两种类型，低代价集体行动情境下个体的群体愤怒比高代价集体行动情境下要强烈，而且可以比群体效能更好地预测集体行动的意愿。这些研究者认为，这是因为在低代价的集体行动中，人们只需承受不严重的失败后果，所以其不关注自身的资源，但未能解释为何群体愤怒会更强烈，而且仍有预测作用。笔者推测其原因是在这种情境下，被试应该会更多地受到自发性加工的影响。因为面对低代价的集体行动，人们不需要承担更多失败的后果，从而缺乏改变自发性态度的动机；而在高代价的集体行动中，人们需要承担更多失败的后果，由于人们更希望避免承担后果、获得收益，因此可能会选择改变自身的自发性态度，进行更多的有意加工。所以群体相对剥夺对线上集体行动的影响应该会受到内隐权威合法性的调节。同时，这种情况可能会导致在现实情境中，相对剥夺对集体行动的影响较少受到内隐权威合法性的调节，特别是在高程度群体相对剥夺中，人们有更强烈的改变现状的动机；而在群体相对剥夺程度较低时，其动机相对较弱，此时内隐权威合法性可能会起到一定的调节作用。所以群体相对剥夺对线下集体行动的影响应该也会受到内隐权威合法性的调节，而且两者的调节方向不一致。

本书根据集体行动的已有理论与实证研究，认为在不同场域下的集体行动中，有关内隐权威合法性的调节作用都可能被群体愤怒中介，但外显权威合法性在线上集体行动中的调节作用可能无法被愤怒路径所中介。因为按照相对剥夺理论对愤怒情绪的定义，根据 Kahneman（2003）提出的双系统加工理论，此时该定义中的愤怒情绪属于第一系统，为自发性加工。同样，已有研究也证实了自发性加工在情绪归因过程中具有关键作用（Moors，2010）。在以往的集体行动理论模型中，研究者提出了自发性的态度可能与情绪路径有关的看法（Van Zomeren，et al.，2004）。根据动态双路径模型提出的情绪聚焦路径，个体会通过社会认知过程产生相应的愤怒感觉。而内隐态度有可能会导致认知重评，成为形成愤怒情绪的关键变量（Smith and Ellsworth，1985）。所以，无论是按照以往并不强调情绪为"理性"路径的集体行动理论，还是按照动态双路径模型，愤怒路径都更容易受到自发性加工的影响。那么如上文所述，在线上集体行动中，由于影响有意加工的动机整体偏弱，触发事件导致个体感受到的愤怒应该不会因为外显权威合法性的高低而变化，此时外显权威合法性的调节效应应该不会被情绪聚焦的路径所中介；而在线上和线下集体行动中，内隐权威合法性的调节效应应该都可以被情绪聚焦的路径所中介。

总之，双重加工模型证实了外显和内隐权威合法性分别通过动态双路径模型中的愤怒路径起到调节作用的可能性。

2.3.6 小结

从我国学者对群体性事件的定义可以看出，群体性事件是发生在社会中的反映一定的权利和诉求，以人民内部矛盾的形式形成的规模性聚集，对社会产生一定负面影响的集体行动。而据前文所述，权威合法性是指一种使个体感知到有义务服从权威的信念，因此笔者推测，研究中国背景下集体行动中权威合法性的作用机制有一定的价值，并进行了相应的文献整理。

根据动态双路径模型以及权威合法性的相关研究，权威合法性能够削弱个体遭遇不公平事件时自身感知到的不公正感（Hegtvedt, et al., 2003），所以笔者认为权威合法性会使个体产生较低的愤怒，从而弱化其参与集体行动的意愿。同时，笔者参考了以往研究发现的群体地位合法性在集体行动中的作用，如 Grant（2008）证实导致群体不利的权威合法性起到了调节作用。所以笔者推断，外显权威合法性应该能够调节群体相对剥夺与线下集体行动意愿之间的关系，且情绪聚焦路径能中介该调节作用。对感知到低外显权威合法性的群体成员而言，面对不公平事件，无论自身群体遭遇的相对剥夺程度如何，他们都会更加愤怒，更容易参加线下集体行动；而对感知到高外显权威合法性的群体成员而言，只有当自身群体遭遇的相对剥夺程度更高时，他们才会更加愤怒，更容易参加线下集体行动。

同时，双重加工模型也给研究者指出了动机对个体进行有意加工的影响（Fazio and Towles-Schwen, 1999）。在比较了线下和线上集体行动后，基于群体剥夺程度高低带来的动机变化，得出了三条影响有意加工的路径：群体相对剥夺程度引发的改善自身群体现状的动机不同；在现实情境和网络情境中，集体行动带来的个体收益不同，导致个体进行有意加工的动机不同；参与线上和线下集体行动的代价不同，导致人们固守自己态度（缺乏改变动机）的程度不同。笔者据此认为，外显与内隐权威合法性对线上集体行动和线下集体行动有着不一样的调节作用，且愤怒路径中介该调节作用的情形也不相同，有必要对此进行探索和验证。

/ 3 /

问题提出与整体研究思路

3.1 问题提出

    保持社会稳定是社会管理的一个基本要求，管理心理学、社会心理学和政治心理学都对此给予了重点关注。权威合法性是一种引导人们自愿服从决定、规则和社会制度的资源（Tyler，2006），可以节约其他集体资源，使政府权威更好地维持公共秩序。因此，在我国乃至全世界，心理学家都有必要运用心理学理论和实证方法理解、验证和发掘权威合法性的作用与管理策略，以提高社会管理者对组织、地区和国家的治理能力，应对网络时代和全球化带来的挑战。特别是在中国背景中，集体行动针对的对象往往是地方党政机关和强势集团（王二平，2012），权威合法性的作用便会更加凸显。在此需求之下，21世纪以来西方研究者已对社会层面中的权威合法性开展了一系列研究，如尝试拓展权威合法性的概念结构（Tyler and Jackson，2014），目的是提高社会层面权威合法性对与政府合作行为的预测力；通过实验研究社会层面中权威合法性对民众合作行为的影响，尝试验证权威合法性对维护社会稳定的作用（Hays and Goldstein，2015）；通过研究程序公正和结果满意度对权威合法性感知的交互作用，研究社会层面权威合法性的获得和维持（Van Der Toorn，et al.，2011）。

    那么，这种并未脱离以往研究范畴的概念扩展是否能够满足现阶段社会层面的研究需求？西方研究者虽然关注了社会层面权威合法性对服从行为的直接影响，但尚未关注权威合法性对集体行动的影响，而集体行动很显然是一种更具有社会层面特点的行为，而且在中国背景下，其针对的是地方党政机关或强势集团。尽管以往关于集体行动的研究关注了群体地位合法性，但在中国，权威合法性有更大的研究意义，那么权威合法性是否也具有调节集体行动发生的作用呢？相比于线下集体行动，线上集体行动是否也受到权威合法性的调节作用？如果有调节作用，应该针对内隐还是外显权威合法性提出管理策略？这些问题依然存在，说明现有研究还存在诸多不足，有待研究者进一步完善。这种不足主要表现在以下几个方面。

首先，社会层面的权威合法性研究已成为热点，而权威合法性作为一种可以影响个体社会行为的变量，少有研究者关注内隐权威合法性。但从理论和实践的角度出发，有必要扩展其结构来研究内隐权威合法性。其一，从内隐社会认知理论来看，任何社会认知都应是自发性加工与有意加工同时发挥作用（Chaiken and Trope，1999；Evans and Frankish，2009），所以内隐权威合法性会在特定的情形下对人们的社会行为产生影响。其二，目前，在社会心理学、政治心理学中，内隐社会认知研究开始得到广泛应用并被研究者所提倡，而且政治心理学家发现，一些具体的内隐态度与政府合作行为存在预测关系（Gawronski，et al.，2015）。而权威合法性作为人们判断自身与政府合作与否的关键变量（Tyler，2006），其内隐层面应当能更好地预测这些合作行为，所以有必要研究内隐权威合法性，以便对个体行为做出更好的解释。其三，验证和发掘权威合法性在线上和线下集体行动或社会运动中的作用，是权威合法性研究价值中非常重要的一部分。而集体行动领域的研究者也开始呼吁将内隐社会认知研究加入已有的集体行动研究中（Van Stekelenburg and Klandermans，2010）。虽然目前相关的研究较少，但 Sweetman（2011）已经通过实验方法研究了对集体行动的内隐态度与集体行动意愿的关系，并探讨了政治卷入与内隐态度的交互作用，发现当政治卷入度较低时，内隐态度负向影响集体行动意愿；而当政治卷入度较高时，两者的关系则是正向的。该发现加深了研究者对集体行动机制的理解。其四，如果外显与内隐权威合法性对社会稳定均存在作用，那么两者的测量结果也能给研究者研究管理策略提供一个更准确的方向。总之，这些理论观点、实证发现和研究关切都非常需要将权威合法性的结构扩展至内隐层面，来验证其与外显权威合法性相比的独特作用，为研究者研究相应层面的权威合法性管理策略提供参考。

其次，人们对权威合法性在线上和线下集体行动中的作用机制缺乏实证研究，尚不清楚两者在线上和线下集体行动中所起的作用是否存在区别，因此需要在已有的线上和线下集体行动研究的基础上开展进一步研究。其一，本书关注权威合法性对保持社会稳定的价值主要在于其对我国的群体性事件所具有的消解作用。对于权威合法性在集体行动中的作用机制，西方主要是研究群体地位的合法性能够调节自变量与集体行动的关系（Jetten, et al., 2011）；而在我国社会的群体性事件中，导致群体地位变化的主要原因在于权威，那么外显权威合法性是否具有与群体地位合法性同样的作用？这个问题需要中国背景下的实证研究来回答。其二，社交媒体在"阿拉伯之春"事件中起到了非常重要的作用，线上集体行动得到了国内外学者的广泛关注（Thomas, et al., 2015；薛婷等，2013；冯宁宁、杭婧婧、崔丽娟，2015）。然而相关研究并不完善，结论也尚不一致，需要在验证线上集体行动可应用集体行动双路径模型的基础上，对权威合法性的作用展开研究。尽管动态双路径模型提出了以认知重评为重点，解释个体决定是否参与集体行动是一种"理性"的认知过程，但是，双重加工理论指出，在相同的机会下，个体如果具有动机就会进行有意加工，而缺乏动机则会导致个体进行自发性加工（Fazio and Towles-Schwen, 1999）。在线上和线下集体行动的类型并不相同的前提下，个体进行有意加工的动机强烈程度也不相同，那么，研究者有必要发掘外显与内隐权威合法性对不同情境下的集体行动是否均具有调节作用。其三，集体行动双路径模型中的愤怒路径是预测集体行动的重要路径，也是我国学者命名的"泄愤式群体事件"发生的重要路径，尽管愤怒路径在动态双路径模型中从字面上看是"情绪"路径，但实际上都是"理性"的认知过程（Lazarus, 1991）。当其被认为是一种认知过程时，应该也会受到内隐社会认知的影响，那么研究者应该发掘该路径是否能中介外显与内隐权威合法性的调节作用。回答了这些问题，可以较好地推进外显与内隐权威合法性的作用研究，同时也可以给集体行动的理论和实践提供新的视角与推动力，还可回应在集体行动研究中探索内隐态度和信念的作用这一研究热点（Van Stekelenburg and Klandermans，2010），从而使公共管理者在实践中更好地理解和应对不同情境下的集体行动，并证明权威合法性管理的必要性。

本书正是从这一系列问题出发，首先讨论外显与内隐权威合法性之间的关系，进而以证实和发掘外显与内隐权威合法性对跨情境下群体相对剥夺与集体行动意愿之间的关系起到调节作用为重点，为社会管理者提供可行的管理策略，帮助其维护社会稳定。

3.2 整体研究思路

为了解决这些问题，本书提出了如图 3-1 所示的整体研究框架，该框架由三个部分共五个子研究组成。

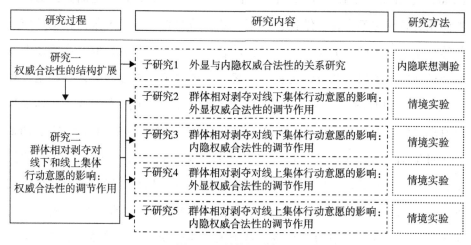

图 3-1 整体研究框架

第 4 章即子研究 1 是本书全部研究的基础，其目的是探索外显与内隐权威合法性的关系，为社会层面权威合法性的作用与管理策略研究提供基础。

通过翻译修订后的权威合法性量表和翻译后改编的单类内隐联想测验程序，分别测量被试的外显与内隐权威合法性。在验证量表的信度与效度以及内隐测量的信度之后，分析两者的关系，以验证两者之间存在相对分离且内隐层面个体愿意服从中央及地方政府的假设，分离其他因素对两者的影响。

第 5 章和第 6 章即子研究 2~5 建立在第 4 章的基础上，由于外显与内隐权威合法性的相对分离，研究者可依据双重加工理论，验证和探索在线上和线下集体行动中，外显和内隐权威合法性在群体相对剥夺与集体行动意愿之间的关系中具有不同的调节作用。具体假设是：在现实（线下）情境下，群体愤怒可中介外显和内隐权威合法性对群体相对剥夺与线下集体行动意愿之间关系的调节作用；在网络（线上）情境下，外显和内隐权威合法性均能调节群体相对剥夺与线上集体行动之间的关系，但群体愤怒可中介内隐权威合法性对群体相对剥夺与线上集体行动意愿之间关系的调节作用。而且外显和内隐权威合法性在线上集体行动中的调节作用不同于其在线下集体行动中的调节作用。本书根据 Shi（2014）和 Thomas 等（2015）的研究专门区分了线下和线上集体行动意愿的测量题目，并使用子研究 1 开发的单类内隐联想测验，将内隐权威合法性引入集体行动的研究中。第 5 章即子研究 2 和子研究 3 关注线下集体行动，采用经典范式进行情境实验，首先操纵学校领导的权威合法性或者测量学校领导的内隐权威合法性，然后操纵群体相对剥夺，而后呈现发生于线下的触发事件，最后测量线下集体行动意愿。第 6 章即子研究 4 和子研究 5 关注线上集体行动，由于参与线上集体行动的群体呈现年轻化特征，且有关集体行动的研究大量使用大学生被试群体或能熟练使用网络工具的成人被试群体，所以在选择被试时，强调熟练使用手机的成人被试，以提高本书研究的效度。本章采用改编目前两个子研究的范式进行情境实验，首先操纵地方政府的权威合法性或者测量地方政府的内隐权威合法性，然后通过操纵两个相邻城市对微博信息的管理状况来操纵群体相对剥夺，而后呈现发生于线上的突发事件，最后测量线上集体行动意愿。这两章的四个子研究针对不同情境，逐步研究权威合法性的外显与内隐结构在集体行动中如何发挥独特的作用。

3.3 小结

根据第 2 章的文献综述，本章认为权威合法性目前得到了相关研究者的关注，目的是帮助社会管理者更好地应对"百年未有之大变局"给国内和全球带来的挑战。但是，目前的研究仍然存在一系列问题和不足：其一，基于权威合法性的定义、研究历史、理论视角和相关内隐社会认知研究，研究者发现以往研究范畴的概念扩展可能无法满足现阶段社会层面的研究需求；其二，在我国，权威合法性在集体行动中的作用机制值得探索和验证；其三，相比于线下集体行动，当前的线上集体行动越来越多，这种类型的集体行动是否会受到权威合法性的调节尚需探索，以方便社会管理者针对外显或内隐权威合法性提出具体管理策略。笔者通过分析认为，需要运用内隐社会认知的相关理论与研究，进一步探索内隐权威合法性对已有权威合法性概念的扩展是否有必要，验证和发掘外显与内隐权威合法性在线上和线下集体行动中的作用。

根据以上分析，笔者提出了整体研究思路，通过三个章节、两个研究（五个子研究）来完成对外显与内隐权威合法性关系的探索，进而依据双重加工理论和集体行动的双路径模型，验证和探索在线上和线下集体行动中，外显与内隐权威合法性在群体相对剥夺和集体行动意愿之间的关系中存在的不同调节作用。根据以上研究思路，笔者设计了五个子研究，其中子研究 1 探索外显与内隐权威合法性的关系，提供本书的研究基础；子研究 2~5 则分别针对不同情境，逐步研究权威合法性的外显与内隐结构在集体行动中如何发挥独特的作用。最后，本书将在完成所有研究后进行综合讨论。

权威合法性的结构扩展：子研究 1
外显和内隐权威合法性的关系研究

4.1 研究目的和研究假设

本书力图研究外显与内隐权威合法性在我国能否有效地应对集体行动以及如何科学地管理权威合法性。首先需要解决以下问题：如何测量外显权威合法性？基于该测量方式，内隐权威合法性又如何测量？内隐权威合法性与外显权威合法性是否存在差异？它们的关系是什么？

已有研究认为，外显权威合法性可以根据不同的操作性定义，采用不同的量表进行外显测量（Tankebe, 2009; Tyler and Jackson, 2013; Van Der Toorn, et al., 2011），一般可采用四种方式：①测量个体对权威及权威所做出决策的服从程度；②测量个体对权威及权威所做出决策的信任程度；③测量个体对权威自行决定合理行为的授权程度；④测量个体与权威的价值观一致性程度，即规范一致性。以上测量方式已被运用于不同情境下的权威合法性研究中。前三种定义的使用较为广泛，均是研究者根据已有的理论观点提出并验证而来，而第四种操作性定义则是研究者根据信任研究中基于认同的信任，运用理论分析和实证研究最新发展而来（Tyler and Jackson, 2013）。该操作性定义测量了权威与成员间的价值观一致性程度，如"一般来说，我和警察对是非的判断是一致的""我和政府的利益是一致的"等。该文章指出，第一种、第二种、第四种测量方式可以根据研究对象的需要，作为权威合法性的不同维度来计算，也可以单独用来研究权威合法性。本书主要关注层级社会结构中的权威合法性，包括学校权威、社会权威（政府）等，但学校中的权威合法性很难包括规范一致性，原因之一是 Tyler 等（2014）认为个体通过认同获得价值观一致性（即权威合法性）的关键在于其与相应权威共享价值观，而学校中的学生缺乏充足的时间和广泛的渠道去获得或了解学校领导的价值观。也就是说，通过测量学生认为学校领导的价值观与其是否一致来衡量权威合法性是不可靠的、无效的。国内外关于权威合法性的实证研究在以大学生为研究对象时，主要测量个体对权威及权威所做出决策的服从程度，将其作为权威合法性的测量方式（Tyler and Jackson，2013；Van Der Toorn，et al.，2011）。采用内隐联想测验进行权威合法性研究时，由于该方法本身的限制，只能选用同属一个类别的属性词。所以，本研究在中国文化情境中验证权威合法性的外显测量的信度与效度，通过个体对权威及权威所做出决策的服从程度这一核心定义进行测量与信效度检验。

由于外显测量存在自陈式量表的固有缺陷，被试可能会由于社会期许性或无法觉察自身的意识而进行回答，从而无法真正测量出被试的真正情况（Fazio，Jackson，Dunton，et al.，1996；Nisbett and Wilson，1977）。权威合法性无疑是一种典型的社会认知，人类的认知和行为几乎都是自发性加工与控制加工共同作用的结果。而在人们缺乏动机等特定情况下，内隐权威合法性会对个体的行为产生影响。尽管目前尚未对其展开直接研究，但也有一些间接证据，例如，国内的实证研究证明，社会满意度的外显和内隐层面存在结构性分离，而且会对个体参与群体性冲突产生影响（杨燕飞，2013）。所以，研究者需要采用一种方式测量权威合法性的内隐层面。经过二十多年的发展，目前广泛采用的内隐测量方法主要有三种：反应时范式、认知操作范式和生理反应范式。其中内隐联想测验的信效度经过了广泛检验，采用分半信度和一致性系数来衡量信度时，内隐联想测验一般能获得令研究者满意的结果（Nosek，2007）。但该方法研究的是互补的概念词与属性词之间关系的相对强度，而不是某一类型的概念词与属性词之间关系的强度，该问题直到单类内隐联想测验出现才得以解决（Karpinski and Steinman，2006）。现在单类内隐联想测验的信效度在国内外都得到了实证检验，相对其他内隐测量方法而言，其信效度通常比较稳定（杨紫嫣、刘云芝、余震坤等，2015）。不过，SC-IAT 虽然将以往只能成对进行判断的概念词变成了单类的概念词，弥补了传统 IAT 必须通过与比较对象进行对比来判断相对联系的不足，但仍需要一组同一类别的概念词。同时，在 SC-IAT 被提出之前，有研究者使用启动任务来研究下属对领导的内隐信任，发现员工对主管的外显信任程度较高，但对内隐信任的测量却呈现出不信任（Burns，et al.，2006），这正对应了前述权威合法性的测量方式中的一种。总的来说，大部分实证结果都显示，外显与内隐测量之间的关系呈现既相关又分离的特点，包括内隐社会知觉、内隐自尊、内隐信任等。所以本书以中央政府和地方政府为权威，在验证了外显权威合法性量表的信效度以后，选用代表中央政府或地方政府的词汇组成概念词，对内隐权威合法性进行测量，并力图进一步探讨外显与内隐权威合法性之间的关系，以期更深入地理解权威合法性尤其是中国背景下的权威合法性。

目前，我国的许多研究者通过对政府合法性和政治信任进行调查，发现通过量表测量出的地方政府合法性或政治信任相对中央政府都呈现较低的水平，出现了典型的"央强地弱"局面（李艳霞，2014；马得勇、王正绪，2012）。而根据内隐社会认知理论，内隐态度与信念可以测量出个体无法觉察的长期以来受到政府宣传教育和个体直接及间接经历的影响而形成的内部联结，因此笔者认为，个体可能会在内隐层面愿意服从中央政府和地方政府，但外显测量结果却并非如此。由于随着年龄的增长，个体直接和间接接触政府的经历越来越多，可能会影响其由于政府的宣传和教育而形成的内隐权威合法性。已有间接实证研究支持该观点，国内学者在对民众的社会满意度与群体事件的关系研究中发现，外显和内隐社会态度出现了明显的分离现象，也存在低相关关系，外显社会满意度较低，而内隐社会满意度较高（杨燕飞，2013）。所以，笔者从中央政府和地方政府两个层面研究政府的外显与内隐权威合法性。笔者进行如下假设：无论是对中央政府还是地方政府，权威合法性的 SC-IAT 的内隐效应均显著，即在内隐层面，被试会感知到应该服从中央政府和地方政府；外显与内隐权威合法性之间相互分离，即两者之间的相关性不显著或呈现弱相关；民众感受到的中央政府的外显与内隐权威合法性显著高于地方政府；年龄和民众感受到政府的外显与内隐权威合法性显著相关；阶层和民众感受到的政府的外显与内隐权威合法性的相关性不显著。

4.2 研究方法

1. 被试

被试为从全国范围内随机招募的 516 名成人（包括非学生成人、大学本科生、硕士和博士研究生，不包括在职研究生）。按照 IAT 数据分析的要求，研究中应剔除 IAT 中错误率大于 20% 的被试，516 名被试均达到了要求，其中男性190 名，女性 326 名，年龄为 17~57 岁（平均值 $M = 36.9$，标准差 $SD = 11.27$）。每位被试均以 "反应能力测试" 的名义进行招募，要求有自主操作计算机的能力，且视力或矫正视力达到正常水平。被试原始信息见表 4-1。

表 4-1　被试原始信息

变量	属性	人数（人）	比例（%）
性别	男	190	36.82
	女	326	63.18
户籍所在地	贵州	20	3.88
	四川	27	5.23
	湖北	35	6.78
	湖南	24	4.65
	北京	21	4.07
	上海	22	4.26
	江西	23	4.46

续表

变量	属性	人数（人）	比例（%）
户籍所在地	海南	19	3.68
	山东	25	4.84
	甘肃	19	3.68
	重庆	26	5.04
	河南	28	5.43
	河北	20	3.88
	广西	19	3.68
	广东	22	4.26
	辽宁	20	3.88
	吉林	21	4.07
	山西	25	4.84
	陕西	22	4.26
	安徽	22	4.26
	江苏	21	4.07
	浙江	22	4.26
	云南	9	1.74
	新疆	4	0.78
工作	大学生	226	43.80
	非学生成人	290	56.20
非学生成人的职业	领导干部	11	2.13
	经理人员	13	2.52
	私营企业主	16	3.10
	专业技术人员	51	9.88
	办事人员	36	6.98
	个体工商户	31	6.01
	商业服务业员工	23	4.46
	产业工人	54	10.47
	农业劳动者	38	7.36
	无业人员	17	3.29

2. 实验材料

外显权威合法性测量采用 Tyler 等（2014）对权威合法性的测量方法，由于本书主要涉及层级社会结构中的权威——学校和政府权威，笔者根据理论与已有实证研究，选取对权威和权威决策的服从程度来测量权威合法性。该单维量表经过翻译后被使用，共4题，在本书中该量表采用7点评分，从1到7，1表示非常不同意，7表示非常同意，依此类推。由于本书中的量表是原表经翻译后在国内第一次使用，所以需要验证其信效度。已有研究认为其信效度较高，内部一致性系数为0.82（Tyler and Jackson，2014）。

内隐权威合法性测量采取 SC-IAT 对单类权威概念词（"中央政府"或"地方政府"）进行测量，即通过个体对中央政府或地方政府类别的概念词与一对属性词组成的相容—不相容任务反应时之差来测量。本书采用的范式由以往不同内隐测量方法对信任或服从的测量改进而来（Burns，et al.，2006；罗书伟，2014；粟华利、钟毅平，2010），以外显权威测量所采用的服从程度来定义属性词。基于国内已有的 SC-IAT 研究结果（艾传国，2013），以及国外关于外显与内隐测量施测顺序的研究（Hoffmann，2005；Nosek，2005），SC-IAT 并不存在组块顺序效应和实验顺序效应，并且外显测量对内隐测量不存在显著影响，因此本书不进行组块顺序平衡和实验顺序平衡。

在编制 SC-IAT 程序之前，从《现代汉语词典》第6版中挑选出代表"中央政府"或"地方政府"的词各18个，与"服从"意思相近和与"不服从"意思相近的词共48个。采用5点量表编写成词汇评定问卷，然后通过网络调查了123名成人，其中男性67名，女性56名；在校大学生82名，已工作者41名。对调查结果进行统计后，从每类概念词或属性词中均挑选出6个得分最高的词，即最具代表性的6个词汇。其中代表概念词"中央政府"的词汇有国务院、农业农村部、社会保障部、教育部、全国人大、最高人民法院。代表概念词"地方政府"的词汇有农业农村局、市政府、社保局、教育局、地方人大、中级人民法院。代表属性词"不服从"的词汇有反抗、反对、抗拒、抗争、违背、拒绝；代表属性词"服从"的词汇有听从、顺从、同意、遵守、服从、遵从。以地方政府与服从为相容任务，以地方政府与不服从为不相容任务。最后，参考了艾传国等（2011）在我国大学生被试中使用 SC-IAT 的编制经验，将测试部分实验次数定为 48 次，由此完成了两种政府权威合法性的 SC-IAT 编写。具体编写步骤见表 4-2。

表 4-2　政府权威合法性 SC-IAT 编写步骤

步骤	实验次数	功能	E 键	I 键
1	24	练习	中央（地方）政府或服从	不服从
2	48	测试	中央（地方）政府或服从	不服从
3	24	练习	服从	中央（地方）政府或不服从
4	48	测试	服从	中央（地方）政府或不服从

3. 实验程序的可用性测试

由于实验程序源自英文版本，同时是笔者第一次进行内隐权威合法性的研究，属于自编的实验程序，所以不能直接使用，需要进行程序的可用性测试（Krug，2005）。Krug 建议使用 3 名被试即可很好地发现实验问题，并方便进行多轮测试。

笔者采用 PsychoPy 2.0 编制好程序后，邀请了 5 名学生（未参与正式研究）进行可用性测试。主试在整个测试过程中保持对被试的观察，实验结束后询问其对该实验程序的看法，问题包括："你能看懂出现在屏幕上的指导语吗？""你觉得字体大小和颜色有什么问题？""实验操作难度是否合适？"在测试过程中，需要记录并分析被试完成实验所需的时间以及准确率。经过两次可用性测试分析，笔者对不足进行修订以后，在第三次测试中，被试整体反映良好：指导语较容易理解，程序容易操作，所有实验能够在 15 分钟内完成。这说明该实验程序能够满足正式研究的要求。

4. 实验过程

被试被要求在规定的时间到达实验室，研究者统一宣读指导语后，被试独自在独立、封闭的实验室中，在一台计算机上完成所有实验程序。所有实验程序均采用 PsychoPy 3.0 编制，通过计算机呈现所有的指导语和信息。每位被试首先要完成中央政府权威合法性的外显量表，然后进行第一个 SC-IAT 部分，完成对中央政府内隐权威合法性的测量。其次，完成地方政府权威合法性的外显量表，然后进行第二个 SC-IAT 部分，完成对地方政府内隐权威合法性的测量。最后填写一份人口学变量问卷，其涉及被试的性别、年龄、专业、主客观社会阶层、媒介使用情况等。本书之所以将社会阶层纳入人口学调查，是因为社会阶层可能影响被试的系统公正化动机（Brandt，2013；Jost，et al.，2012），尽管没有统一的结论，但仍将其作为可能的控制变量。每个被试完成所有实验的时间不超过 14 分钟。

测量中央政府或地方政府的权威合法性的 SC-IAT 程序会在开始时提示被试将双手的食指分别放在 E 键与 I 键上，要求被试集中注意力，在保证正确的前提下尽量快速地完成词语归类任务。概念词和属性词或组合的标签会分别呈现在屏幕的左上角和右上角，所有刺激词随机呈现在屏幕中间，若被试将刺激词归为左上方的类别，则按下 E 键；若被试将刺激词归为右上方的类别，则按下 I 键。如果反应正确，屏幕中间会呈现绿色的"√"，持续 200ms；如果出现错误，屏幕中间则会呈现红色的"×"，同样持续 200ms，同时还需要被试按下正确的反应键进行纠正。为了使左右按键出现的概率一致，在表 4-2 中的步骤 1 和步骤 2 里，将代表"中央政府"或"地方政府"、"服从"和"不服从"的词按1：1：2的频率呈现给被试；在步骤 3 和步骤 4 中，将代表"中央政府"或"地方政府"、"服从"和"不服从"的词按1：2：1的频率呈现给被试。被试所有相关的反应按键与反应时均会通过计算机记录后供研究者分析。研究结束时，被试会得到相同价值的礼物作为酬劳。

5. 数据分析方法

在进行数据分析前，需要选取一种内隐效应的计分方法，经过大量实证研究的检验，选取 D 值作为内隐效应的指标较好，与外显测量的相关性会更强，受被试个体反应差异的影响也会较小。同时通过对现有研究的改良，研究者可以选择比最初更为可靠的 D 值的计分方式。本书就采用了一种改进的计分方法（Greenwald, et al., 2003; Karpinski and Steinman, 2006）：

第一步，剔除不合格被试的数据。将 SC-IAT 中错误率高于 20% 的被试数据直接剔除。实验中使用相容任务测试（步骤 2）、不相容任务测试（步骤 4）的数据，使用前需要将超过 10000ms 的反应时数据和少于 400ms 的反应时数据删除。

第二步，计算反应时均值和混合标准差。分别计算每个不同任务（测试）的所有正确反应时的平均值，并计算两个任务所有正确反应时的混合标准差（SD），即相容测试和不相容测试的混合标准差。

第三步，替换错误反应时。每个步骤的错误反应时将被替换为每个步骤（任务）的正确反应时的平均反应时加上 400ms 后的数值。

第四步，计算内隐效应 D 分数。首先重新计算相容任务与不相容任务测试的平均反应时，计算出新的两个任务的平均值。然后计算反应时均值差异：$M =$ 不相容测试 − 相容测试。最后计算内隐测量效应 D 分数：$D = M / SD$。

4.3　结果与分析

1. 外显测量的信度与效度

因为本研究是基于中国文化环境，需要对中央政府和地方政府权威合法性分别进行测量，所以需要对两个权威合法性量表进行信度和效度检验。结果表明，中央政府和地方政府的外显权威合法性量表的内部一致性系数分别为 0.91 和 0.95，信度水平较高，符合测量要求，说明该量表经过翻译后的版本对国内中央政府和地方政府权威合法性的测量仍然具有较好的信度，该量表应能用于中国背景下各类社会权威的合法性测量。

本研究共有 516 名被试，可以使用验证性因素分析进行效度检验（温忠麟、侯杰泰，2004）。本研究分别采用 AMOS 26.0 进行验证性因素分析，通过检验模型的拟合程度，对权威合法性外显量表的结构效度进行验证，结果见表4-3。

表4-3　验证性因素分析结果（4 个项目，N=516）

项目	χ^2	df	χ^2/df	RMSEA	GFI	AGFI	CFI	IFI
中央政府权威合法性	9.76	2	4.88	0.08	0.98	0.92	0.99	0.99
地方政府权威合法性	6.51	2	3.25	0.07	0.99	0.95	0.99	0.99

注：RMSEA—Root Mean Square Error of Approximation，即均方根误差逼近度；GFI—Goodness of Fit Index，即模型拟合度指数；AGFI—Adjusted Goodness of Fit Index，即调整后的模型拟合度指数；CFI—Comparative Fit Index，即比较拟合度指数；IFI—Incremenal Fit Index，即增量拟合度指数。

根据吴明隆（2010）和温忠麟、侯杰泰等（2004）对已有结构方程模型拟合指数的分析，拟合指数易受样本量、载荷量、评分等级数的影响，没有普遍适用的标准，研究者应根据自身研究条件选取不同的临界标准。相对而言，IFI 在不同条件下的平均值最为稳定，其次是 CFI、RMSEA。一般来说，χ^2/df 的值在 5 以下，表示模型尚可接受；χ^2/df 的值在 3 以下，表示模型的拟合度较好。RMSEA 的值越接近 0 越好，但一般认为其值小于 0.08 即可接受该模型，在 0.05 以下时则认为该模型的拟合度较好。其他拟合指标 GFI、AGFI、CFI、IFI 的取值范围为 0~1，越接近 1，则拟合度越好，一般来说，大于 0.90 即可以认为模型的拟合度较好。

从表 4-3 的各项拟合指标可以看出，该权威合法性的单因素量表在测量中央政府和地方政府时拟合度均较好，证明该量表经过翻译修订后的版本在国内的相关测量中仍然具有较好的结构效度，可以用于后续研究的测量。

2. 内隐测量的信度

内隐测量的信度计算方式不同于外显测量，根据已有文献，本研究将分别计算每位被试的中央政府和地方政府内隐合法性。两种内隐合法性的 SC-IAT 均有两个正式测验阶段，按奇偶分为两个部分，即每部分为 24 个实验试次，分别计算每个被试两部分的 D 值并计算相关系数，将其作为分半信度。由于采用了分半信度，所以研究者还进行了 Spearman-Brown 校正。校正后得出本研究中 SC-IAT 的信度系数为 0.78、0.74。

3. 内隐权威合法性的存在性检验与测量结果

根据第 4.1.2 节中所述 D 值的计算方法和内隐效应检验方法（Karpinski and Steinman，2006），计算出中央政府权威合法性 SC-IAT 的内隐效应平均值（$D=0.36$），结果为 t（515）= 21.36，$p<0.001$，Cohen's $d=0.96$。地方政府权威合法性 SC-IAT 的内隐效应平均值 $D=0.21$，然后将该值与数值 0 进行单样本 t 检验，结果为 t（515）= 13.36，$p<0.001$，Cohen's $d=0.69$。根据以往研究者的结论，说明中央政府和地方政府权威合法性 SC-IAT 的内隐效应显著，中央政府和地方政府权威合法性存在内隐层面，且在内隐层面上被试感到应该服从中央政府和地方政府，即内隐测量上有服从中央政府和地方政府的信念（Gawronski and Payne，2011）。

4. 外显与内隐权威合法性的描述性统计结果

外显中央政府权威合法性各题的平均值为 5.18，标准差为 1.41，即中央政府的外显权威合法性得分高于中值。外显地方政府权威合法性各题的平均值为 4.82，标准差为 1.50。根据已有研究，外显量表得分越高，外显权威合法性就越高（蔡华俭，2003）。经过配对样本 t 检验发现，中央政府与地方政府的外显测量结果差异显著，t（515）= 10.30，$p<0.001$；而中央政府与地方政府的 SC-IAT 内隐效应差异显著，t（515）= 7.94，$p<0.001$。这说明无论是在内隐还是外显层面，个体均保有相对于地方政府而言更强烈的服从中央政府的信念（Karpinski and Steinman，2006）。

将外显与内隐权威合法性同本次研究的人口学变量的测量结果做皮尔逊

（Pearson）积差相关，所得结果见表4-4。表中数据显示，外显中央政府权威合法性与外显地方政府权威合法性显著正相关（$r=0.86$，$p<0.001$），中央政府权威合法性与地方政府权威合法性在内隐层面也存在显著正相关（$r=0.31$，$p<0.001$），这再次证明了本研究的效度。而内隐中央政府权威合法性与外显中央政府权威合法性的相关边缘显著，呈弱相关（$r=-0.08$，$p=0.05$），内隐地方政府权威合法性与外显地方政府权威合法性的相关性不显著（$r=-0.05$，$p>0.05$），两者是分离的。该情况与一般内隐和外显测量的相关性呈现不相关与低相关的情况较为一致，以往内隐和外显测量的相关性最高只能达到0.3左右，且仍有研究者质疑是否有额外因素导致该相关性过高（Gawronski and Payne，2011）。

表4-4　外显与内隐权威合法性的描述性统计结果

变量名	M	SD	1	2	3	4	5	6	7	8
1. 性别	0.37	0.48	—							
2. 年龄	36.90	11.27	0.23**	—						
3. 主观社会阶层	4.91	1.73	-0.11*	-0.12**	—					
4. 传统媒介使用频率	4.39	1.64	0.17***	0.16***	-0.09*	—				
5. 线上媒介使用频率	3.23	1.62	0.03	-0.10*	0.11*	0.33***	—			
6. 外显中央政府权威合法性	5.18	1.41	0.10*	0.40***	-0.05	0.09*	0.04	—		
7. 外显地方政府权威合法性	4.82	1.5	0.08	0.38***	-0.05	0.08	0.08	0.86***	—	
8. 内隐中央政府权威合法性	0.36	0.37	-0.11*	-0.18**	-0.01	0.04	0.06	-0.08	-0.12**	—

续表

变量名	M	SD	1	2	3	4	5	6	7	8
9. 内隐地方政府权威合法性	0.21	0.36	0.07	−0.03	−0.07	0.004	0.12**	−.002	−0.05	0.31***

注：* 表示 $p<0.05$；** 表示 $p<0.01$；*** 表示 $p<0.001$。

男性的主观社会阶层感知比女性低，男性的内隐中央政府权威合法性 D 值更高，但性别与政府合法性间的关系仍需在控制年龄后通过差异分析来验证。被试年龄越大，其感知到的外显中央政府和地方政府权威合法性越高（$r=0.40$，$p<0.001$；$r=0.38$，$p<0.001$），感知到的内隐中央政府权威合法性越低（$r=-0.18$，$p<0.01$），内隐地方政府权威合法性与年龄没有显著相关。主观社会阶层和外显、内隐权威合法性的相关性均不显著。将被试在线下和线上媒体上关注时事新闻的频率作为传统媒介使用频率和线上媒介使用频率，计算其与其他变量的相关性，结果发现符合常识，即年龄与传统媒介使用频率呈现正相关（$r=0.16$，$p<0.001$），与使用线上媒介的频率呈现负相关（$r=-0.10$，$p<0.05$），年轻人更多地使用线上媒介关注时事政治等新闻，且关注时事新闻的被试对传统媒介和线上媒介的使用呈正相关（$r=0.33$，$p<0.001$）。主观社会阶层较高的被试对传统媒介的使用更少（$r=-0.09$，$p<0.05$），对线上媒介的使用更多（$r=0.11$，$p<0.05$）。但传统媒介使用频率只与中央政府权威合法性的外显结果呈弱的正相关（$r=0.09$，$p<0.05$），线上媒介使用频率只与内隐地方政府权威合法性呈弱的正相关（$r=0.12$，$p<0.01$），与其他合法性结果均无显著相关性。

5. 不同性别、工作经历和阶层对外显与内隐权威合法性的影响

考虑到理论上和相关分析中年龄对外显与内隐权威合法性的影响，本研究使用协方差分析（Analysis of Covariance，ANCOVA）检验不同性别被试的外显与内隐权威合法性的差异。在控制年龄的前提下，男女之间中央政府和地方政府的外显权威合法性差异均不显著，$F_{中央政府}=1.18$，$F_{地方政府}=1.92$，

p 均大于 0.05；男女之间中央政府和地方政府的内隐权威合法性差异也均不显著，$F_{中央政府} = 1.49$，$F_{地方政府} = 1.92$，p 均大于 0.05，见表 4-5。

表 4-5　外显与内隐权威合法性的性别差异分析 ($N=516$)

项目	类别	样本	M	SD	F	p
外显中央政府权威合法性	男	190	5.07	1.38	1.18	0.28
	女	326	5.29	1.42		
外显地方政府权威合法性	男	190	4.72	1.41	1.92	0.17
	女	326	4.89	1.61		
内隐中央政府权威合法性	男	190	0.38	0.36	1.49	0.22
	女	326	0.30	0.38		
内隐地方政府权威合法性	男	190	0.20	0.35	1.92	0.17
	女	326	0.22	0.37		

同样，使用 ANCOVA 检验工作与否是否影响被试的外显与内隐权威合法性。结果发现，在控制年龄的前提下，工作的成人与大学生之间的中央政府和地方政府的外显权威合法性差异均不显著，$F_{中央政府} = 1.48$，$F_{地方政府} = 2.99$，p 均大于 0.05；两者的中央政府和地方政府的内隐权威合法性差异也均不显著，$F_{中央政府} = 0$，$F_{地方政府} = 1.19$，p 均大于 0.05。这说明个体在感知中央政府和地方政府的外显与内隐权威合法性时不受其是否工作的影响，见表 4-6。

表 4-6　外显与内隐权威合法性的工作经历差异分析 ($N=516$)

项目	类别	样本	M	SD	F	p
外显中央政府权威合法性	已工作	290	5.38	1.44	0	1.00
	未工作	226	4.86	1.29		
外显地方政府权威合法性	已工作	290	4.98	1.55	1.19	0.27
	未工作	226	4.54	1.37		
内隐中央政府权威合法性	已工作	290	0.32	0.41	1.48	0.22
	未工作	226	0.40	0.31		

续表

项目	类别	样本	*M*	*SD*	*F*	*p*
内隐地方政府权威合法性	已工作	290	0.18	0.35	2.99	0.08
	未工作	226	0.24	0.36		

经过单因素方差分析可以发现，不同主观阶层被试的内隐权威合法性差异均不显著，$F_{中央政府} = 1.18$，$F_{地方政府} = 1.99$，p 均大于 0.05；不同主观阶层被试的外显中央政府和地方政府权威合法性差异显著，$F_{中央政府} = 3.78$，$\eta_p^2 = 0.07$，$F_{地方政府} = 3.53$，$\eta_p^2 = 0.06$，p 均小于 0.001。后续分析表明，各个阶层之间的外显中央政府和地方政府权威合法性部分存在差异，但未发现任何规律。

4.4　讨论

经过对外显权威合法性量表的信效度分析，本研究使用内部一致性系数和验证性因素分析，证实了经过笔者翻译修订后的国外权威合法性量表能够在我国"央地分离"情境下达到良好的信效度指标，为本书奠定了研究基础。根据外显权威合法性测量的量表，笔者还基于 Burns 等（2006）对同事、领导的内隐信任测量方法，提出了以相同权威对象为概念词的 SC-IAT，用于对中央政府和地方政府内隐权威合法性进行测量，通过对内隐效应以及其与外显测量结果的统计分析，发现内隐效应显著，直接证实了内隐权威合法性是客观存在的，即在内隐层面，被试会感知到应该服从中央政府和地方政府。根据内隐社会认知手册中认为可以使用两者的相关性来判断外显与内隐权威合法性是否分离的建议（Gawronski and Payne，2011），可以得出权威合法性存在外显与内隐相互分离特征的结论。同时，个体的外显与内隐中央政府权威合法性均显著高于地方政府。被试年龄越大，其感知到的外显中央政府和地方政府权威合法性均越高，内隐中央政府权威合法性越低，但内隐地方政府权威合法性与被试年龄没有显著相关关系。主观社会阶层与民众感受到政府的外显与内隐权威合法性的相关关系不显著，但部分阶层之间存在差异。总的来说，结果验证了本子研究的所有假设。

本书需要对个体感知到学校权威和政府（社会管理者）权威的外显权威合法性进行测量，用于完成后续的实验研究。Tyler 等（2014）根据已有研究总结出两种不同的权威合法性测量方式，并提出了一种新的测量权威合法性的量表，其提出的每种量表都可以针对不同的权威对象，包括警察和法庭，其研究指出，每种量表都有较好的信度，可以很好地测量不同权威对象的权威合法性。本子研究在此基础上，根据已有实证研究，结合本书研究的问题，对符合本书测量的权威的量表进行选择和翻译，通过信效度分析，在中国背景下第一次验证了经过修订的西方的权威合法性量表具有可靠的信度与效度，可以测量中国背景下不同权威的合法性，可以在中国被试中施测。

本子研究通过问卷筛选了代表"中央政府"和"地方政府"、"服从"和"不服从"的词汇后，对 516 名成人被试进行 SC-IAT 实验，结果发现，在中央政府的概念词与表示服从的属性词组合为相容任务时，个体反应更快，反应时较短；在中央政府的概念词与表示不服从的属性词组合为不相容任务时，反应时较长。在地方政府的概念词与表示服从的属性词组合为相容任务时，个体反应更快，反应时较短；在地方政府的概念词与表示不服从的属性词组合为不相容任务时，反应时较长。对内隐效应的分析得出了被试会在内隐层面认为中央政府和地方政府的权威合法性较高的结论。SC-IAT 作为一种信效度良好的内隐态度测量工具，大量研究者通过实证研究证实其存在自发性加工的成分，所以，本书认为，存在自发性加工的非意识加工的权威合法性。本章所述的内隐合法性是对政府这一机构权威的内隐测量，中央政府和地方政府之间存在明显的联系，所以两者的内隐权威合法性之间存在显著相关关系，进一步说明了这种自发性加工的非意识加工的权威合法性存在的可能性。

本章进一步探讨了外显与内隐权威合法性之间的关系，结果显示，被试对地方政府权威合法性的外显和内隐评价低于中央政府的权威合法性；同时

SC-IAT 的结果表明，被试在内隐层面具有应该服从中央政府和地方政府的信念，而且无论是中央政府权威合法性还是地方政府权威合法性，在各自的外显和内隐层面，测量结果的相关关系并不显著，两者呈现出一种分离关系（Gawronski and Payne，2011）。这种"央强地弱"差序格局的结果与以往的研究结论较为一致。对中国被试进行的政府权威合法性研究发现地方政府的权威合法性较低（马德勇，2012），大量社会学学者对中国被试进行的政治信任调查还初步确定了中国民众对中央政府与地方政府的政治信任感知呈现一种"中央—地方"的差序格局，民众对中央政府的信任度更高（李艳霞，2014）。这种对地方政府的政治信任度比中央政府低的"央强地弱"格局普遍存在于我国的社会中。关于内隐权威合法性存在且外显与内隐权威合法性分离的结果，尽管尚无直接的实证证据，但这与以往的许多内隐研究的结论较为类似。例如，Burns 等（2006）证实了被试对同事和领导的内隐信任与其对同事和领导的外显信任均不相关，其中相关度最高的仅为 0.08，且对领导的外显信任度更高。在国内学者对民众的社会满意度与群体事件之间关系的研究中，外显与内隐社会态度出现了明显的分离现象，也存在低相关关系且具有二维结构（杨燕飞，2013）。特别的，内隐中央政府权威合法性与外显地方政府权威合法性呈负相关，但与其他权威合法性结果均不相关，出现这一结果的可能原因是个体对中央政府的内隐态度会将其作为一种权威原型，影响了个体对地方政府相关行为的外显判断。具体来说，如果个体具备更高的内隐中央政府权威合法性感知，会导致个体对地方政府有更高的期待，而当地方政府的实际表现相对较差时，个体就会相对感受到外显地方政府权威合法性较低。同理可知，内隐地方政府权威合法性也应有同样的作用，但由于其与外显地方政府权威合法性有一定相关性，故呈现不显著的负相关，表现为外显与内隐政府权威合法性分离的现象（Gawronski and Payne，2011）。

被试年龄越大，其感知到的外显中央政府和地方政府权威合法性均越高，内隐中央政府权威合法性越低，但内隐地方政府权威合法性与年龄没有显著相关性。第一，这可能与测量时的社会称许性有一定的关系（Fazio, Jackson,

Dunton, et al., 1996; Nisbett and Wilson, 1977)。第二，可能是因为个体与政府的直接或间接接触越来越多，影响了个体有意加工的外显政府权威合法性，并可能影响由于政府宣传和教育而形成的内隐权威合法性。又由于内隐中央政府权威合法性比地方政府更高，所以相对而言，中央政府权威合法性的内隐层面可能变化更大，呈现为显著负相关，而内隐地方政府权威合法性的变化相对较小。第三，中央政府只有一个比较对象，而地方政府因为被试所在城市不同，可能会出现不同城市被试的内隐地方政府权威合法性并不一致的情况。以上三种原因均可能导致内隐地方政府合法性与年龄没有显著相关关系。在控制年龄的条件下，无论是性别还是工作与否，都无法影响中央政府和地方政府两种权威的外显与内隐权威合法性，这说明对于我国被试而言，性别和工作经历不同，在感知政府权威合法性时并无显著差别，进行研究时无须将其作为控制变量加以考虑。主观社会阶层之间的外显中央政府和地方政府权威合法性部分存在差异，但不呈现任何线性或非线性关系，只是可能与不同社会阶层和不同层级政府的互动有关，如程序公正和人际公正的有关经历等（Van Der Toorn, et al., 2011）。根据系统公正假设（Jost and Banaji, 2011），这说明社会阶层在社会中受到的对待和其感受到的权威合法性之间存在更为复杂的关系，需要进一步探索。

媒介使用情况对被试的权威合法性感知影响较小，尤其是传统媒介的使用对内隐权威合法性没有影响，仅与中央政府的外显权威合法性有正相关关系，而线上媒介的使用仅与地方政府的内隐权威合法性存在较低程度的正相关关系。如前文所述，个体对线上媒介的使用与无意识加工的关系更为密切，很可能无法直接影响外显权威合法性，而不同地域的被试关注的内容可能更多地与本地和个人利益相关联，所以只能无意识地加工网络上的各类负面事件或时事新闻，再与本地的情况对比，因此其对本地的权威合法性的内隐态度更好。这说明在我国，传统媒介和新型线上媒介对政府权威合法性的作用机制还有待挖掘，西方研究就指出，欧洲民众对抗议的内隐态度普遍呈现为负面（Sweetman, 2011），与西方新闻媒体总是会将抗议活动描述成负面的有关（Gitlin，1980；McLeod and Hertog，1992）。本书在后续研究中可以暂时不考虑被试媒介使用的额外影响。

笔者的发现为进一步分析权威合法性在社会层面上典型的影响社会稳定的行为——集体行动中的作用提供了研究基础，也为笔者研究管理策略提供了应该优先研究的对象，即优先研究管理外显权威合法性的策略。因为内隐层面上个体具有服从政府的信念，且只有年龄与内隐权威合法性相关，内隐权威合法性明显更加难以产生影响，而根据以往研究可知外显权威合法性偏低，这提示笔者应该优先研究管理外显权威合法性的策略。根据"央强地弱"的权威合法性格局，在具体研究政府权威合法性时，可以优先考虑操纵地方政府权威合法性。

总之，笔者认为存在内隐层面的权威合法性，外显与内隐权威合法性呈现相对分离的状态，可以使用已完成修订的自陈式量表和 SC-IAT 测量某一权威的外显与内隐权威合法性。

4.5 小结

本研究发现：

1）经过翻译和修订的外显权威合法性量表在不同权威的测量中均具备良好的信度与效度。

2）中央政府和地方政府权威合法性的 SC-IAT 均存在内隐效应，说明在内隐层面，被试感到应该服从地方政府。经过改编的 SC-IAT 有着良好的信度。

3）外显与内隐政府权威合法性的相关性不显著，验证了权威合法性外显测量和内隐测量的分离状态。

4）个体的外显与内隐中央政府权威合法性均显著高于地方政府；年龄与民众感受到政府的外显权威合法性显著正相关，与内隐中央政府权威合法性显著负相关，但内隐地方政府权威合法性与年龄的相关性不显著。

/ 5 /

群体相对剥夺对线下集体行动意愿的影响：
权威合法性的调节作用

5.1 子研究 2 群体相对剥夺对线下集体行动意愿的影响：外显权威合法性的调节作用

5.1.1 研究目的和研究假设

第 4 章的研究通过对修订后的问卷以及 SC-IAT 进行分析，解决了如何在我国进行外显与内隐权威合法性测量的问题，同时证实了笔者的假设，即存在内隐权威合法性且权威合法性的外显与内隐成分相对分离。根据双重加工理论，两者应该均能对个体的社会认知与行为产生影响（Chaiken and Trope，1999；Evans and Frankish，2009）。但是，由于本书采用 SC-IAT 的方式对内隐权威合法性进行测量，该测量方法具有反应敏锐的特点，同时也容易受到环境因素的影响（Gawronski and Payne，2011）。大量研究证实，轻微的环境变化就会使内隐联想测验的结果发生改变，这直接导致了其重测信度较低（Gawronski and Payne，2011）。在本书中，为了避免实验操纵引起内隐权威合法性的结果发生改变，从而影响实验结果，后续研究将分开研究外显与内隐权威合法性对集体行动的双路径模型中的愤怒路径的调节作用。

本章的目的是通过实验操纵来研究外显权威合法性对线下集体行动的双路径模型中的愤怒路径的调节作用。线下集体行动的双路径模型采用的是学界中最常使用的集体行动心理机制的经典模型（Van Zomeren, Leach, and Spears, 2012；Van Zomeren, et al., 2004）。该模型基于相对剥夺能够正向预测集体行动的发生这一基本因果关系，该关系已被大量研究所验证（Klandermans, 2004；Shi, et al., 2015；Van Zomeren, Spears, and Leach, 2008；Wright, 2009；张书维等，2012）。在此基础上，该模型认为，在面对群体相对剥夺（情境）时，有两条中介路径能够影响个体参与集体行动，即情绪聚焦路径和问题聚焦路径。正如本书文献综述部分所述，根据相对剥夺理论、双重加工理论和权威合法性的研究，都可以得出外显权威合法性应该可以调节群体相对剥夺对集体行动的作用的结论，而且该调节作用被情绪聚焦路径——即愤怒路径所中介。根据 Van Zomeren 等（2012）构建的双路径模型的理论，权威合法性能够很好地减轻面对结构相对剥夺时的不公平感；而在愤怒路径上的理论分析认为，只有当个体认为导致群体不利的个体、权威或机构的行为不公平、不合法时，才会责备该责任人，进而产生愤怒（Van Zomeren, Leach, and Spears, 2012）。前人的实验研究给出了相应证据，当被试认为导致群体不利处境的合法性较低时，报告了较高的愤怒情绪，也会表现出较强的集体行动意愿（Miller, et al., 2009）。而在层级社会中，造成群体不利的原因是权威制定的决策或行为，所以权威合法性应该能够调节该路径的前面部分，也就是群体愤怒能够中介权威合法性的调节作用。以往多数研究者都认为集体行动作为一种政治活动，属于特别典型的控制加工（Gawronski, et al., 2015），尽管双重加工模型理论指出了另一种可能性，但对于付出代价较高的线下集体行动，个体一定会较多地进行有意识的控制性加工。那么，作为权威合法性的外显成分，其应该能够在需要更多有意识加工的线下集体行动的心理机制中起到调节作用。

根据上文，本章考察的权威合法性的调节效应由群体愤怒和群体效能进行中介，所以本章以群体相对剥夺操纵为情境（Van Zomeren, et al., 2004；Van

Zomeren, Spears, and Leach, 2008), 采用张书维等 (2012, 2013) 使用的对群体相对剥夺的操纵方式, 将群体相对剥夺操纵为高低水平。同时, 本实验还将操纵权威合法性, 由于本实验采用的是学校情境, 已有研究测量过学校权威的权威合法性 (Van Der Toorn, et al., 2011), 所以本实验操纵的是学校权威的权威合法性。又因为本书在回顾权威合法性的定义时就指出该概念包括两个方面, 其中一个就是权威的地位是合法的, 所以笔者认为, 可以使用已有实证研究中操纵权威获得权力的合法性高低的方法来操纵外显权威合法性 (Hays and Goldstein, 2015)。

需要说明的是, 由于集体行动的特殊性——其在我国被认为是 "群体性事件", 很难在群体性事件发生伊始就通过调查的方式获得一手资料。采用社会心理学常用的情境实验范式, 是较为理想的选择, 这也是本书后续所有关于集体行动的实证研究全部采用情境实验方式的原因。同时, 由于要获取实际行为十分困难, 笔者在采用情境实验开展集体行动的实证研究时, 大多使用集体行动意愿来代替对实际行为的测量。已有一些研究对集体行动意愿与实际行为之间的关系进行了检验, 认为集体行动意愿可以作为代替实际行为的指标 (张书维等, 2012), 所以本研究直接采用集体行动意愿来代替对实际行为的测量。

基于此, 本章假设: 群体相对剥夺操纵为高的被试会比群体相对剥夺操纵为低的被试更愿意参加线下集体行动; 外显权威合法性调节群体相对剥夺与线下集体行动之间的关系, 其中群体愤怒能中介外显权威合法性对群体相对剥夺与线下集体行动意愿之间关系的调节作用。具体来说, 当权威合法性低时, 无论群体遭受的相对剥夺程度高低, 只要面临群体不利, 个体都会出现对不公平的责备, 产生较高的群体愤怒, 进而参与集体行动。当权威合法性高时, 只有接受高群体相对剥夺处理的个体才会更加愤怒, 进而有更强烈的参加集体行动的意愿。

5.1.2　研究方法

1.　被试

被试为来自某市 A 大学的 126 名大学生，年龄为 16～25 岁（平均值 $M=$ 20.03，标准差 $SD=2.26$），其中男生 61 名，女生 65 名。其所学专业涉及理科、文科、工科和艺术类学科。所有被试均是以"经济新常态下 A 大学大学生就业情况及预期"的调查研究的名义随机招募并自愿参加的，具备自主操作计算机的能力。

2.　实验设计

实验采用 2（群体相对剥夺：高群体相对剥夺、低群体相对剥夺）×2（权威合法性：高权威合法性、低权威合法性）的双因素组间实验设计。因变量为线下集体行动意愿。

3.　实验材料和程序

本实验共有四种实验条件，每个被试会随机接受一种实验条件的处理。实验程序采用 PsychoPy 2.0 编制，被试独自在独立、封闭的实验室中，在一台计算机上完成所有实验程序。主试最初向被试介绍完实验目的、报酬等基本信息及注意事项以后，其余所有的指导语和信息都通过计算机呈现。指导语如下：

欢迎参加 A 大学组织行为研究中心主持的一项名为"经济新常态下 A 大学大学生就业情况及预期"的调查研究，今天的所有调查由您独立完成。调查过程中会有一些阅读材料和问卷要求您填写。整个调查大约持续 15 分钟。调查期间请您按照自己的真实想法作答，这对本研究非常重要。您在作答过程中如有问题可举手示意。在调查全部完成后，每名参与者都将获得精美礼品一份。

本实验分为四个步骤。

（1）阅读材料

给所有被试呈现相同的 A 大学的简介，然后对被试进行权威合法性的操纵，阅读高学校领导权威合法性或低学校领导权威合法性的情境启动材料。学校领导的权威合法性的操纵方式改进自 Hays 等（2015）采用的权威获得权力的合法性操纵，在地位获得不合法的基础上，增加了权威决策与决策过程不公正的操纵内容。

要求被试阅读 A 大学简介，主要是为了使被试知道权威的决定会导致群体不利事件的发生，具体材料如下（此处省略了学校信息）：

学校由学校领导班子直接领导，负责各类教学行政事务。主要领导成员有校党委书记、校长、校党委副书记、副校长、党委常委、校长助理。所有与学生相关的就业、教学、科研、思想教育和衣食住行的决策都由这些学校领导来决定。

其中低权威合法性的材料反映的是学校领导获得的权威地位是不合法的，具体来说，被试阅读的是以下材料：

本次 A 大学领导班子并非通过相当公正的选举产生，而是上级直接任命的。本校原有的候选群体在 A 大学工作得更久，有着更为丰富的在 A 大学工作的经验，本应更适合担任领导班子来制定相关决策。由于现在的领导班子成员与上级领导有着更密切的私人关系，所以才得到了任命。

在现任学校领导的管理中，有关学生的政策常常出现不公正，学校领导也不理会学生对相关决定的看法和意见，常常在领导班子会议上直接做出决定，并且不公开制定决策的原因和讨论过程。

高权威合法性操纵的材料反映的是学校领导获得的权威地位是合法的，具体来说，被试阅读的是以下材料：

本次 A 大学领导班子是通过相对公正的选举，从本校原有的候选群体中选出的。本次当选的 A 大学领导比落选的候选者在 A 大学工作得更久，有着更为丰富的在 A 大学工作的经验，确实更适合担任领导班子来制定相关决策。由于现在领导班子成员有着丰富的经验和较高的教育水平，所以才得到了任命。

在现任学校领导的管理中，有关学生的政策往往比较公正，会考虑学生对相关决定的看法和意见，常常通过扩大会议和听证会与普通学生一起做出决定，并公开制定决策的原因和讨论过程。

（2）被试阅读群体相对剥夺的情境材料

该材料改编自张书维（2013）以西方研究者研究大学生集体行动时的范式（Guimond and Dambrun，2002）为基础得到的研究成果。该材料会对 A 大学与 B 大学近年来在就业工作中的投入以及效果进行对比，每个被试所阅读到的 B 大学的投入信息是一致的，然后再呈现操纵的材料。操纵为高群体剥夺水平的被试会读到 A 大学毕业生的就业现状和预期明显低于 B 大学的毕业生的材料，同时会看到展示的就业率变化的图片，具体文字材料如下：

同为具有行业特色的"211 工程"高校，B 大学与 A 大学毗邻，在综合实力上两校可谓难分伯仲。在中国校友会网和世纪人才报联合发布的最新一期"大学排行榜 100 强"中，A 大学总分排名第 48，B 大学总分排名第 49。在网大教育推出的"中国大学排行榜"中，这两所大学的综合得分并列第 67 名。然而，由于近年来校方重视不够、人员投入不足、所需经费短缺等原因，A 大学在就业方面所做的工作与 B 大学相比有较大差距。这一结果直接反映在近期教育部发布的 50 所"2015 年度全国毕业生就业典型经验高校"名单上，武汉地区共有 6 所高校入选，遗憾的是 A 大学并未列在其中，B 大学则榜上有名。由于该名单是官方权威部门首次发布的，且专业调查机构的社会评价被首次引用到高校就业工作好坏的评价标准中，因此，这份被称为"就业 50 强"的高校名单一出炉，即在社会上引起了广泛关注和影响。据教育部就业指导中心主任介绍，这 50 所典型经验高校均为各类型、各地区毕业生就业水平和社会满意度位居前列的高校，其近 5 年的就业率稳定在 96% 左右，在满足社会需求的人才培养和大力促进毕业生就业工作等方面拥有很多经验和特色。

另外，某著名专业调查机构对高校毕业生就业情况的跟踪调查显示，A大学和B大学2013年的几项关键指标，如总体就业率、签约平均起薪、毕业生一线城市就业比例、毕业一年内跳槽率、毕业一年后工作满意度均不相上下。但之后两校的数据对比显示，A大学渐处下风，且与B大学的差距有逐年扩大之势。该机构的教育评估专家综合分析了两校在人才培养模式、专业设置、教学质量、促进毕业生就业工作等方面的做法后表示，这一趋势在包括2015年在内的未来3年中恐怕难以改变。A大学应学习借鉴包括B大学在内的全国毕业生就业典型经验高校的成功做法和经验，帮助应届毕业生实现一次性顺利就业，完成从学校到社会的平稳过渡。

操纵为低群体剥夺水平的被试会读到A大学毕业生的就业现状和预期略低于B大学的毕业生的材料，同时会看到展示就业率变化的图片，具体材料如下：

同为具有行业特色的"211工程"高校，B大学与A大学毗邻，在综合实力上两校可谓难分伯仲。在中国校友会网和世纪人才报联合发布的最新一期"大学排行榜100强"中，A大学总分排名第48，B大学总分排名第49。在网大教育推出的"中国大学排行榜"中，这两所大学的综合得分并列第67名。近年来，A大学与B大学相比，在就业方面尤其是在人员和经费投入上稍显不足。这一结果直接反映在近期教育部发布的50所"2015年度全国毕业生就业典型经验高校"名单上。武汉地区共有6所高校入选。遗憾的是A大学并未列在其中，B大学则榜上有名。由于该名单是官方权威部门首次发布，且专业调查机构的社会评价被首次引用到高校就业工作好坏的评价标准中，因此，这份被称为"就业50强"的高校名单一出炉，即在社会上引起了广泛关注和影响。据教育部就业指导中心主任介绍，这50所典型经验高校均为各类型、各地区毕业生就业水平和社会满意度位居前列的高校，其近5年的就业率稳定在96%左右，在满足社会需求的人才培养和大力促进毕业生就业工作等方面拥有很多经验和特色。

另外，某著名专业调查机构对高校毕业生就业情况的跟踪调查显示，A大学和B大学2013年的几项关键指标，如总体就业率、签约平均起薪、毕业生一线城市就业比例、毕业一年内跳槽率、毕业一年后工作满意度均不相上下。之后两校的数据对比显示，A大学虽略处下风，但两校差距并不明显。该机构的教育评估专家综合分析了两校在人才培养模式、专业设置、教学质量、促进毕业生就业工作等方面的做法后表示，A大学虽然此次未能入选教育部新近公布的50所"2015年度全国毕业生就业典型经验高校"名单，但只要其在今后的工作中稍加努力，就很有希望在明年进入该榜单，从而使更多的应届毕业生实现一次性顺利就业，完成从学校到社会的平稳过渡。

需要说明的是，之所以将A大学和B大学进行比较，是由于两校在地理位置上相邻，虽然其专业特色不同，但是均为同一层次的教育部直属高校。在被试阅读完两部分的材料以后，会进行操纵性检验，要求被试填写一份包括学校领导权威合法性操纵检验、相对剥夺操纵检验以及一些与实验相关的填充题目在内的问卷。之所以进行两个自变量的操纵检验，是因为尽管本书认为权威合法性在此时是一种相对稳定的心理信念，几乎不会受到群体相对剥夺操纵的影响，但仍需对此进行验证。

（3）被试阅读导致群体不利的触发事件材料

所有被试会阅读一份关于"A大学部分毕业生因未能成功就业致毕业证书被扣"的真实事件报道。该材料改编自张书维等（2012）实验的触发事件材料，但对其中非学校权威的行为进行了删减或更改，主要强调了学校权威在该事件中的作用，使被试能够更为明确地认为事件的发生是权威及权威决策的结果。该材料属于非直接利益相关材料（张书维等，2012）。被试阅读的材料具体如下：

因为未签署就业协议，A大学的部分毕业生至今仍无法拿到毕业证和学位证,尽管他们的学业早已顺利完成。

毕业前夕的一天上午,李某某在学校教务处办公室门外足足站了5分钟,却仍不肯敲办公室的门。"多次领证遭拒,自己心里已经有阴影了。"因为没能找到单位签署三方(注:"三方"指学生、学校和用人单位)就业协议,校方不肯向李某某颁发毕业证和学位证。"不行!领导有交代,你这样的情况不能发放毕业证。"值班老师直截了当地拒绝了李某某,"我要是给你毕业证,我的工作就没法干了"。随后在学院办公室,李某某与一男一女两位老师,就校方不发放毕业证一事进行了交涉。其间李某某被告知,因为他没有就业档案及户口尚未迁出,所以目前不可能领到毕业证,他们这样做是依据校规执行。李某某说,按照教育部的规定,作为已经完成校方规定学业及论文答辩的学生,自己有权领取毕业证,校方无权不发放毕业证,他无法理解校方的行为。李某某说,因为没有工作而没领到毕业证的学生不止他一人,据悉仅在该学院当年的应届毕业生中,就有20余名学生未拿到毕业证和学位证,占应届毕业生总数的10%。

包括李某某在内的多位毕业生认为,学校之所以对未就业毕业生暂缓发放毕业证,是为了保证就业率。李某某称,A大学这一届的毕业生在陆续完成所学科目的考试以及论文答辩后,先后开始找工作。由于这届学生毕业时恰逢经济进入新常态时期,很多用人单位因此减招或不招员工,"就业压力很大"。很多毕业生并没有找到适合自己的工作,他们在领取毕业证时,被告知因没有就业且未办理档案迁出手续,校方将暂缓发放他们的毕业证和学位证。周某某认为,档案保存在何处、是否就业、毕业证发放三者之间毫无联系,然而学校领导却把三者纠缠在一起,用意很明显,就是想通过暂缓发放毕业证,对未就业的学生施加压力,以保障学校的就业率。按照常规,每年8月前后学校就会上报就业率,"学校领导的压力大,自然就会出台一些措施,以求尽快解决学生就业问题"。学校办公室的一位老师曾这样对李某某说。但对于不发放毕业证是为了维护学校就业率的说法,该学校的一位副校长与另一位办公室老师均予以否认,他们同时拒绝对这一事情发表看法。

"拿不出毕业证，谁相信你是研究生？" A 大学的应届硕士生周某某称，拿不到毕业证，直接影响了他与用人单位的沟通。他愤愤不平地说，学校只顾自己数据上好看，根本不顾学生的实际利益。多位学生表示，为了领取毕业证，学生们费尽了心机，有些人甚至不惜签署假协议，以便尽快领取毕业证。此前，在大家的强烈要求下，学生会的一名学生干部张某某与校方进行了协商。但协商当天，该学生干部即转达了学校领导对此事的看法——如果不就业，毕业证肯定会暂缓发放。"因为就业率与学校的发展息息相关，这是原则性问题，不可能让步。"另悉，武汉市其他高校并未有将就业协议与毕业证、学位证挂钩的做法。A 大学此举可能与近年来该校就业率不断下滑有关。

眼见找工作和领取毕业证、学位证都没着落，李某某、周某某等人已决定在近期采取集体维权行动：联合本校其他未拿到毕业证和学位证的同学，并呼吁 A 大学的其他学生给予声援，就学校暂扣两证一事，集体签名上书校长，要求学校废除这一不合理规定，为包括他们在内的所有应届毕业生如期发放毕业证和学位证。他们还表示，将视结果考虑如何采取进一步的维权行动。

（4）中介变量与因变量的测量

阅读完相关材料后进行中介变量与因变量的测量，包括对群体愤怒、群体效能以及集体行为意向的测量。被试在完成所有回答之后，会被要求填写人口学变量问卷，包括性别、年龄和专业等。最后在请求被试保密实验真实目的后，告知被试真实的实验目的且实验材料也为虚构，在取得被试谅解后，由被试签署实验知情同意书。在所有步骤完成以后，每名被试都会得到相同价值的礼物作为酬劳。

4. 变量测量

自变量操纵检验包括学校领导权威合法性与群体相对剥夺。外显学校领导权威合法性采用 3 道题测量其操纵有效性（Van Der Toorn, et al., 2011）。如"学校领导应该有权力执行他（她）认为最好的决定"。采用 7 点计分

（1＝非常不同意，…，7＝非常同意），得分越高代表学校领导的权威合法性越高，内部一致性系数 $\alpha = 0.76$。群体相对剥夺采用 3 道题测量其操纵有效性（Tropp and Wright，1999；张书维等，2012），如"作为 A 大学学生，和 B 大学学生的就业现状相比，您觉得：××××"。采用 7 点计分（1＝非常不满意，…，7＝非常满意），反向计分以后，得分越高代表群体相对剥夺越高，内部一致性系数 $\alpha = 0.78$。

群体愤怒采用 3 道题测量（Van Zomeren, et al., 2004；Van Zomeren, Spears, and Leach, 2008；Van Zomeren, et al., 2010；张书维等，2012），如"对于校方暂扣未就业学生的毕业证、学位证这一做法，作为一名 A 大学学生，您感到反感"。采用 7 点计分（1＝非常不同意，…，7＝非常同意），得分越高代表群体愤怒越高，内部一致性系数 $\alpha = 0.93$。

因变量的测量是集体行动意愿。采用 1 道题（张书维等，2012）进行测量："如果李某某、周某某等被校方暂扣毕业证和学位证的毕业生号召 A 大学学生在其上呈的《与校长请愿书》上签名以示声援，您是否愿意参加？"采用 7 点计分（1＝非常不愿意，…，7＝非常愿意），得分越高则代表参与集体行动的意愿越强。

5.1.3　结果与分析

1. 操纵检验

在验证假设前，首先检验自变量的操纵是否有效。首先检验权威合法性操纵的有效性，对外显学校领导权威合法性进行 2（群体相对剥夺：高群体相对剥夺、低群体相对剥夺）×2（权威合法性：高权威合法性、低权威合法性）方差分析，结果显示权威合法性操纵的主效应显著，$F(1, 126) = 19.51$，$p < 0.001$，$\eta_p^2 = 0.14$。受到高权威合法性操纵组的 62 名被试的得分（$M = 4.43$，$SD = 0.97$）显著高于低权威合法性组的 64 名被试的得分（$M = 3.61$，$SD = 1.11$）。分配公正的主效应不显著，权威合法性操纵和群体相对剥夺的交互效应不显著。由此可知权威合法性操纵有效。

然后检验群体相对剥夺操纵的有效性。完成反向计分后，对群体相对剥夺进行单因素方差分析，结果显示群体相对剥夺操纵的主效应显著，F（1，126）= 14.45，$p < 0.001$，$\eta_p^2 = 0.12$。受到高群体相对剥夺操纵组的 63 名被试的得分（$M = 5.02$，$SD = 0.91$）显著高于低群体相对剥夺组的 63 名被试的得分（$M = 4.34$，$SD = 0.98$）。由此可知群体相对剥夺操纵有效。

2. 描述统计结果

在不同的权威合法性操纵下，受到高、低群体相对剥夺的被试参与集体行动意愿的平均数与标准差见表5-1。

表 5-1 集体行动意愿的描述性统计结果（$N = 126$）

权威合法性	群体相对剥夺	N	M	SD
高权威合法性	低相对剥夺	32	4.16	1.74
	高相对剥夺	32	5.50	1.32
低权威合法性	低相对剥夺	31	5.19	1.45
	高相对剥夺	31	5.45	1.26

由于本研究需要关注愤怒路径是否中介权威合法性的调节作用，所以加入中介变量进行相关分析，见表5-2。

表 5-2 所有变量的描述性统计及相关结果（$N = 126$）

变量名	M	SD	1	2	3
1. 权威合法性操纵	N.A.	N.A.			
2. 群体相对剥夺操纵	N.A.	N.A.	0		
3. 群体愤怒	5.67	1.16	−0.26*	0.18*	
4. 集体行动意愿	5.06	1.54	−0.16	0.27*	0.73**

注：* 表示 $p < 0.05$；** 表示 $p < 0.01$；*** 表示 $p < 0.001$。N.A. 表示因该变量为实验操纵，无法描述统计结果。

3. 权威合法性在群体相对剥夺与集体行动关系中的调节作用

以权威合法性与群体相对剥夺操纵为自变量，集体行动意愿为因变量，进行组间设计方差分析。结果表明群体相对剥夺操纵的主效应显著，$F(1, 126) = 9.53$，$p < 0.01$，$\eta_p^2 = 0.07$；权威合法性的主效应不显著，$F(1, 126) = 3.63$，$p > 0.05$，$\eta_p^2 = 0.03$；权威合法性与群体相对剥夺操纵的二阶交互显著，$F(1, 126) = 4.38$，$p < 0.05$，$\eta_p^2 = 0.04$。方差分析结果见表5-3。

表5-3 方差分析结果 ($N = 126$)

变量	方差	自由度	均方	F	p	η_p^2
权威合法性操纵 (A)	7.70	1	7.70	3.63	0.059	0.03
群体相对剥夺操纵 (B)	20.20	1	20.20	9.53	0.002	0.07
$A \times B$	9.28	1	9.28	4.38	0.039	0.04
误差	258.73	122	2.12			

进一步分析简单效应表明：①对于学校领导被操纵为高权威合法性的被试来说，群体相对剥夺存在简单主效应，$F(1, 126) = 13.62$，$p < 0.001$，$\eta_p^2 = 0.10$。在学校领导高权威合法性的条件下，接受高群体相对剥夺处理的被试（$M = 5.50$，$SD = 1.32$）参与集体行动的意愿显著高于接受低群体相对剥夺处理的被试（$M = 4.16$，$SD = 1.74$）。②对于学校领导被操纵为低权威合法性的被试来说，群体相对剥夺不存在简单主效应，$F(1, 126) = 1.03$，$p > 0.10$，$\eta_p^2 < 0.01$；在学校领导低权威合法性的条件下，接受高群体相对剥夺处理的被试（$M = 5.45$，$SD = 1.26$）与接受低群体相对剥夺处理的被试（$M = 5.19$，$SD = 1.46$）参与集体行动的意愿没有显著差异。权威合法性的调节作用可由图5-1更加直观地呈现。

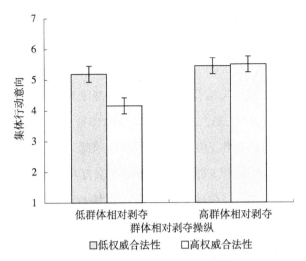

图 5-1　权威合法性在群体相对剥夺与集体行动意愿关系中的调节作用

4. 外显权威合法性对群体相对剥夺与集体行动意愿关系的作用：有中介的调节作用检验

通过上文中的方差分析可知，笔者已经证实了前两个假设，即权威合法性在群体相对剥夺与集体行动意愿的关系中具有调节作用。而根据表 5-2 可知，群体愤怒与群体效能都与集体行动意愿显著相关。根据集体行动的双路径模型和相关文献，权威合法性的调节作用可能通过群体愤怒的中介作用实现，那么如何验证这一有中介的调节作用？根据已有文献，笔者将分三步对该作用进行检验，即需要对三个回归方程进行参数估计（温忠麟、刘红云、侯杰泰，2012；叶宝娟、温忠麟，2013；Hayes，2013）。这里使用 Hayes（2013）编写的 PROCESS 宏程序进行计算，Bootstrap 次数为 1000 次。

第一步，做集体行动意愿对权威合法性操纵、群体相对剥夺、权威合法性操纵×群体相对剥夺的回归（交互项），即检验方程 $Y=c_0+c_1X+c_2U+c_3UX+e_1$。权威合法性操纵×群体相对剥夺（交互项）的回归系数为显著，$B=1.09$，$p<0.05$，95% 置信区间为 [0.06, 2.11]，说明权威合法性调节群体相对剥夺与集体行动意愿间关系的作用是显著的，且调节变量越大，自变量对因变量的影响就越大。其与表 5-3 的结论也一致。使用简单斜率检验进行简单效应

分析，结果表明，在学校领导高权威合法性的条件下，接受高群体相对剥夺处理的被试参与集体行动的意愿显著高于接受低群体相对剥夺处理的被试（$B=1.34$，$SE=0.39$，$p<0.05$）；在学校领导低权威合法性的条件下，接受高群体相对剥夺处理的被试与接受低群体相对剥夺处理的被试参与集体行动的意愿没有显著差异（$B=0.26$，$SE=0.35$，$p>0.10$）。

第二步，将群体愤怒作为因变量，做群体愤怒对权威合法性操纵、群体相对剥夺、权威合法性操纵×群体相对剥夺（交互项）的回归，即检验方程 $W=a_0+a_1X+a_2U+a_3UX+e_2$。权威合法性操纵×群体相对剥夺（交互项）的回归系数为显著，$B=0.79$，$p<0.05$，95%置信区间为 $[0.02,1.57]$，说明权威合法性对群体相对剥夺与群体愤怒间关系的调节作用也是显著的。使用简单斜率检验进行简单效应分析，结果表明，在学校领导高权威合法性的条件下，接受高群体相对剥夺处理的被试的群体愤怒显著高于接受低群体相对剥夺处理的被试（$B=0.81$，$SE=0.32$，$p<0.05$）；在学校领导低权威合法性的条件下，接受高群体相对剥夺处理的被试与接受低群体相对剥夺处理的被试感知到的群体愤怒没有显著差异（$B=0.01$，$SE=0.23$，$p>0.10$）。其作用可通过图5-2清楚地展现出来。

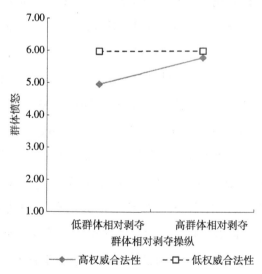

图5-2 权威合法性在群体相对剥夺与群体愤怒关系中的调节作用

第三步，将集体行动意愿作为因变量，做集体行动意愿对权威合法性操纵、群体相对剥夺、权威合法性操纵×群体相对剥夺（交互项）以及群体愤怒的回归，即检验方程 $Y=c'_0+c'_1X+c'_2U+c'_3UX+b_1W+e_3$。群体愤怒的系数为显著，$B=0.86$，$p<0.001$，95%置信区间为 $[0.68,1.04]$，此时根据叶宝娟与温忠麟（2013）提出的检验方法可知，该有中介的调节作用显著。

表5-4中的数据完整地呈现了有中介的调节模型的检验结果，本研究在证明了前两个假设之后，又证明了有中介的调节模型，权威合法性对群体相对剥夺与集体行动关系的调节效应通过群体愤怒的中介作用，即调节变量在该中介过程中的前半部分就起到了调节作用。根据温忠麟等（2012）对间接调节效应的计算方法，在群体相对剥夺对集体行动意愿的影响过程中，外显权威合法性的间接调节效应为 $a_3×b_1=0.68$，直接调节效应为 $c'_3=0.35$，总的调节效应为 $c'_3+a_3×b_1=1.03$，间接效应占了66.02%。该有中介的调节模型更为简洁的表达如图5-3所示。

表5-4　有中介的调节模型的检验结果（校标：集体行动意愿）（$N=126$）

项目	方程1 (校标：集体行动意愿)		方程2 (校标：群体愤怒)		方程3 (校标：集体行动意愿)	
	B	t	B	t	B	t
群体相对剥夺（X）	0.81	3.07**	0.41	2.07*	0.42	1.99*
权威合法性（U）	-0.49	-1.88	-0.62	-3.16**	0.02	0.08
$X×U$	1.09	2.06*	0.79	2.01*	0.35	0.80
群体愤怒（W）					0.86	8.33***

注：* 表示 $p<0.05$；** 表示 $p<0.01$；*** 表示 $p<0.001$。

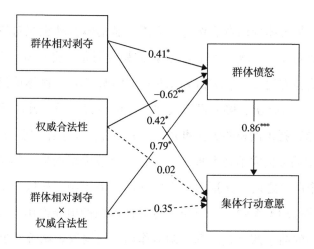

图5-3 群体相对剥夺对集体行动的作用：有中介的调节模型

注：* 表示 $p<0.05$；** 表示 $p<0.01$；*** 表示 $p<0.001$。

5.1.4 讨论

根据相关实验范式，笔者操纵学校领导权威合法性和群体相对剥夺，使用情境实验考察了权威合法性在群体相对剥夺与集体行动意愿之间关系中的调节作用，并进一步尝试验证愤怒路径可以中介权威合法性的调节作用。由于集体行动的特殊性，大部分国内研究者通过情境实验来研究集体行动，同时采用集体行动意愿来代替对集体行动行为的测量，这种方法得到了比较广泛的验证（Shi, et al., 2014；贾留战、马红宇、郭永玉，2012；薛婷等，2013；张书维等，2012）。随之也产生了一批典型的可用范式，本研究就使用了张书维等将西方研究中国化后的典型范式，采用其他研究者较少使用的高、低相对剥夺操纵，而非使用群体认同，这是因为本研究中需要研究现实（线下）和网络（线上）集体行动，而对于两种不同类型的集体行动对不同类型群体认同是否起到关键作用尚无一致结论。本研究首先得到了与张书维等（2012）一致的结论，即群体相对剥夺能够很好地预测集体行动意愿，这也与已有理论与实证研究一致。

本研究通过情境实验，验证了集体行动的双路径模型中愤怒路径可以中介外显权威合法性的调节效应。尽管已有的国内外研究关注了集体行动这一影响社会稳定的现象（Van Zomeren，Postmes，and Spears，2008；Shi, et al.，2014；贾留战、马红宇、郭永玉，2012；薛婷等，2013；张书维等，2012），并关注其心理机制，但是往往对影响社会稳定的最关键的变量——权威合法性进行单独研究，并未直接关注权威合法性在其中的作用（国内研究甚至也忽略了群体地位合法性这一变量），更忽略了在中国这一威权社会中，层级社会结构是比较普遍的结构这一特殊性，与国外相比，国内权威决定对群体相对剥夺与自身感知不公正有更为重要的作用。笔者从已有的关于权威合法性以及集体行动的理论和实证研究出发，认为权威合法性对群体相对剥夺与集体行动关系具有调节作用，并论证现有集体行动的双路径模型中的愤怒路径能够中介该调节效应，而且发生在中介路径的前半段。本研究的结果证实了以上的假设，这对权威合法性如何维护社会结构的稳定有了新的理解，说明权威合法性在中国背景下依然可以发挥重要作用，也扩展了对集体行动发生的心理机制的理解。

本研究发现，当外显权威合法性较低时，处于不同程度的结构性相对剥夺的个体对突发不公平事件的反应有所不同。对于感知到的外显权威合法性较低的民众来说，简单的不公平事件就很容易引发其参与集体行动，而不会因在某个社会结构中受到的群体相对剥夺程度不同而有差别。当外显权威合法性高的时候，只有遭受高群体相对剥夺的个体才更愿意参加集体行动——出于改变现状的目的。尽管这与 Smelser（1962）提出的经典加值理论并不完全一致，但元分析证实，群体相对剥夺与集体行动之间只存在中等程度的关联（Van Zomeren，Postmes，and Spears，2008）。同时，动态双路径模型中的愤怒路径可以中介外显权威合法带来的调节作用，也就是说，外显权威合法性在该模型中有着重要的作用。外显权威合法可以很好地消解线下集体行动，同时也部分验证了文献分析中提到的问题：线下集体行动由于代价较高，个体都会更多地进行有意加工，而非自动加工。这与以往的研究和看法一致，即认为集体行动等政治行为较少存在自动加工，更多的是有意加工（Gawronski，et al.，2015）。这也是对动态双路径模型强调认知重评，反复进行认知加工才最后决定是否参与集体行动的理性取向的一次检验。但是否真的如文献分析中指出的那样：愤怒路径能够中介外显与内隐权威合法性的调节作用？动态双路径模型论证的个体在愤怒路径中也是"理性"的看法是否完全正确？要回答这两个问题，需要进一步检验内隐权威合法性在线下集体行动中的作用。

5.1.5 小结

通过本研究，笔者验证了之前提出的所有假设，得出了如下结论：

1）高群体相对剥夺条件下的被试比低群体相对剥夺条件下的被试更愿意参与线下集体行动。

2）外显权威合法性能够调节群体相对剥夺与线下集体行动之间的关系。当外显权威合法性低时，无论群体遭受的相对剥夺程度高低，只要面临群体不利，个体都更容易参与集体行动。反之，受到更强烈的群体相对剥夺处理的个体才会更加愤怒，进而有更强烈的参加集体行动的意愿。

3）群体愤怒可中介外显权威合法性对群体相对剥夺与线下集体行动意愿之间关系的调节作用。当外显权威合法性低时，无论群体遭受的相对剥夺程度高低，只要面临群体不利，个体都会出现对不公平的责备，产生较强的群体愤怒，进而参与集体行动。当外显权威合法性高时，受到更高群体相对剥夺处理的个体才会更加愤怒，进而有更强烈的参加集体行动的意愿。

5.2 子研究3 群体相对剥夺对线下集体行动意愿的影响：内隐权威合法性的调节作用

5.2.1 研究目的和研究假设

子研究2证实了外显权威合法性对群体相对剥夺与线下集体行动的关系有调节作用，并可以通过双路径中介该调节效应。同时，第4章的研究通过对修订后的问卷以及 SC-IAT 进行分析，认为权威合法性的外显与内隐成分相对分离。尽管根据 Van Zomeren（2012）提出的动态双路径模型，每个集体行动的参与者都是"理性的经济学家"，但无论是以往持非理性倾向的集体行动研究者，还是根据双重加工理论进行研究的研究者，外显权威合法性与内隐权威合法性应该均能对个体的社会认知和行为产生影响（Chaiken and Trope，1999；Evans and Frankish，2009）。间接研究证据表明，对集体行动的内隐态度，通过愤怒路径完全中介影响集体行动意愿（Sweetman，2011）。这尽管不是内隐权威合法性的相关研究，但仍然提示了内隐权威合法性在集体行动发生的心理机制中有可能也有同样重要的作用。

然而，内隐权威合法性要与外显权威合法性产生相同的作用，需要一定的条件。Nosek 等（2011）总结了四项可能会影响内隐社会认知对行为进行预测的因素，分别是参与行动的动机、自动加工的机会、能力和是否成功觉察。面对高收益和高代价的线下集体行动，人们一定会因为高收益而影响动机，同时因为高代价企图改变自己的自发性加工，从而更多地采用有意加工。这种情况可能会导致在现实情境中，相对剥夺对集体行动的影响较少受到内隐权威合法性的影响，特别是在高相对剥夺时，人们有更强烈的改变现状的动机，但在相对剥夺较低时，人们改变现状的动机减弱，此时内隐权威合法性可能会起到一定的作用。也就是说，和子研究 2 中外显权威合法性对群体相对剥夺与集体行动意愿之间关系的调节作用一样，群体相对剥夺对集体行动的影响应该会受到内隐权威合法性的调节。

第 2 章的文献分析部分已经指出，集体行动的已有理论与实证研究认为，线下集体行动中内隐权威合法性在情绪路径上有着一定的调节作用。而正如子研究 2 得出的结论，外显权威合法性在集体行动的心理机制中具有调节作用。那么，根据动态双路径模型提出的情绪聚焦路径，个体会不断进行"理性"的认知重评。但个体会通过社会认知过程产生相应愤怒的感知。而内隐态度有可能会成为形成愤怒的关键变量（Smith and Ellsworth，1985）。那么综上所述，在现实情境的集体行动中，内隐权威合法性可能会在低相对剥夺时通过情绪路径起调节作用。

　　本研究的目的是通过 SC-IAT 与情境实验来研究内隐权威合法性在线下集体行动的双路径模型中的调节作用。实验流程改编自子研究 2，将其中的外显权威合法性操纵修改为对内隐权威合法性进行 SC-IAT，然后将被试随机分配到两种群体相对剥夺操纵中进行实验，最后进行有中介的调节效应检验。该 SC-IAT 修改自子研究 1，由于权威合法性是针对不同权威的，所以有必要将权威合法性的概念词更换为属于学校领导的词汇。尽管内隐权威合法性的存在已经得到证实，但本研究仍然对内隐效应进行检验，以证明内隐权威合法性依然存在。

　　基于此，本研究假设：①学校领导权威合法性的 SC-IAT 的内隐效应显著，即在内隐层面被试感觉应该服从学校领导；②内隐权威合法性调节群体相对剥夺与线下集体行动之间的关系；③群体愤怒能中介内隐权威合法性对群体相对剥夺与线下集体行动意愿之间关系的调节作用。具体来说，当群体相对剥夺操纵为低且内隐权威合法性高时，个体会比内隐权威合法性高的个体产生更少的愤怒，进而弱化其参与集体行动的意愿；而接受高群体相对剥夺操纵的个体不会受到内隐权威合法性的影响，都会有更强烈的参加集体行动的意愿。

5.2.2　研究方法

1. 被试

　　被试为来自某市 A 大学的 121 名大学生，年龄为 17~27 岁（平均值 $M =$ 20.65，标准差 $SD = 1.50$），其中男生 60 名，女生 61 名，所学专业涉及理科、文科、工科和艺术类学科。所有被试均是以"经济新常态下 A 大学大学生反应能力与就业预期"研究的名义随机招募后自愿参加的，有自主操作计算机的能力。参加过子研究 2 的被试不会在本研究中使用。

2. 实验设计

实验采用两个自变量，组间实验设计。其中一个自变量为群体相对剥夺，通过情境材料操纵为高群体相对剥夺和低群体相对剥夺；另一个自变量为内隐权威合法性，采用子研究 1 中编制的 SC-IAT 测量被试的内隐权威合法性。因变量为线下集体行动意愿。

3. 实验材料和程序

实验程序采用 PsychoPy 2.0 编制，被试独自在独立、封闭的实验室中，在一台计算机上完成所有实验程序。在主试最初向被试介绍完实验目的、报酬等基本信息及注意事项以后，其余所有的指导语和信息都通过计算机呈现。指导语如下：

欢迎参加 A 大学组织行为研究中心主持的一项名为"经济新常态下 A 大学大学生反应能力与就业预期"的调查研究，今天的所有调查由您独立完成。在调查过程中，会有反应能力的测试以及一些阅读材料和问卷要求您完成。整个调查大约持续 15 分钟。调查期间请您按照自己的真实想法作答，这对本研究非常重要。您在作答过程中如有问题可举手示意。在调查全部完成后，每名参与者都将获得精美礼品一份。

本实验分为四个步骤。

（1）通过子研究 1 设计的单类内隐联想测验对内隐权威合法性进行测量

被试会在阅读完指导语后进入 SC-IAT 程序，本次研究采用的是子研究 1 中的 SC-IAT 程序，但由于是在学校情境中使用，因此权威概念词类型为"学校领导"。SC-IAT 程序会在开始时提示被试将双手的食指分别放在 E 键与 I 键上，要求被试集中注意力，在保证正确的前提下尽量快速地完成词语归类任务。概念词和属性词或组合的标签会分别呈现在屏幕的左上角和右上角，所有刺激词随机呈现在屏幕中间，若被试将刺激词归为左上方的类别，则按下

E 键；若被试将刺激词归为右上方的类别，则按下 F 键。如果反应正确，屏幕中间会呈现绿色的"√"，持续 200ms；如果出现错误，屏幕中间会呈现红色的"×"，同样持续 200ms，同时还需要被试按下正确的反应键进行纠正。为了使左右按键出现的概率一致，在表 4-2 中的步骤 1 和步骤 2 里，将代表"学校领导""服从"和"不服从"的词按1：1：2的频率呈现给被试；在步骤 3 和步骤 4 中，将代表"学校领导""服从"和"不服从"的词按1：2：1的频率呈现给被试。被试所有相关的反应按键与反应时均会通过计算机记录后供研究者分析。

（2）被试阅读群体相对剥夺的情境材料

该材料与子研究 2 中的材料一致。该材料会对 A 大学与 B 大学今年在就业工作中的投入以及效果做对比。操纵为高群体相对剥夺水平的被试会读到 A 大学毕业生的就业现状和预期明显低于 B 大学毕业生的材料；操纵为低群体相对剥夺水平的被试会读到 A 大学毕业生的就业现状和预期略微低于 B 大学毕业生的材料。在被试阅读完该部分的材料后，会进行操纵性检验，要求被试填写一份包括相对剥夺操纵检验以及一些与实验相关的填充题目在内的问卷。

（3）被试阅读导致群体不利的触发事件材料

所有被试会阅读一份关于"A 大学部分毕业生因未能成功就业致毕业证书被扣"的真实事件报道。该材料改编自张书维（2012）实验的触发事件材料，但对其中非学校权威的行为进行了删减或更改，主要强调了学校权威在该事件中的作用，使被试能够更为明确地认为该事件的发生是权威及权威决策的结果。

（4）中介变量与因变量的测量

阅读完相关材料后进行中介变量与因变量的测量，包括对群体愤怒、群体效能以及集体行为意向的测量。被试在完成所有回答之后，会被要求填写人口学变量的问卷，包括性别、年龄和专业等。最后在请求被试保密实验真实目的后，告知被试真实的实验目的且实验材料也为虚构，在取得被试谅解后，由被试签署实验知情同意书。在所有步骤完成以后，每名被试都会得到相同价值的礼物作为酬劳。

4. 变量测量

首先进行内隐权威合法性测量。本实验中使用的 SC-IAT 程序改编自子研究 1，区别在于本实验采用的单类权威概念词由"地方政府"变为"学校领导"，即通过个体对学校领导（权威）这类概念词与一对属性词组成的相容—不相容任务反应时之差来测量。本研究不进行组块顺序平衡和实验顺序平衡。

在编制 SC-IAT 程序之前，从 A 大学网站中选出与学校主要领导相关的词语，挑选出可以代表"学校领导"的 10 个词。采用 7 点量表编写成词汇评定问卷，通过网络调查了 156 名大学生，其中男性 65 名，女性 71 名。经过统计，从代表"学校领导"的概念词中得出 6 个得分最高的词，即最能代表概念词"学校领导"的词汇有校党委书记、校长、校党委副书记、副校长、党委常委、校长助理。属性词则与子研究 1 完全一样，以学校领导与服从为相容任务，以学校领导与不服从为不相容任务。测试部分的实验次数也与子研究 1 一样，为 48 次，由此完成学校领导权威合法性的 SC-IAT 程序编写。具体步骤见表 5-5。

表 5-5　学校领导权威合法性 SC-IAT 步骤

步骤	实验次数	功能	E 键	I 键
1	24	练习	学校领导或服从	不服从
2	48	测试	学校领导或服从	不服从
3	24	练习	服从	学校领导或不服从
4	48	测试	服从	地方政府或不服从

接着进行自变量操纵检验。群体相对剥夺采用 3 道题测量其操纵有效性（Tropp and Wright，1999；张书维等，2012），如"作为 A 大学学生，和 B 大学学生就业现状相比，您觉得：××××"。采用 7 点计分（1 = 非常不满

意，…，7＝非常满意），反向计分以后，得分越高代表群体相对剥夺越高，内部一致性系数 $\alpha = 0.85$。

群体愤怒采用 3 道题测量（Van Zomeren, et al., 2004；Van Zomeren, Spears, and Leach, 2008；Van Zomeren, et al., 2010；张书维等, 2012），如"对于校方暂扣未就业学生的毕业证、学位证这一做法，作为一名 A 大学学生，您感到反感"。采用 7 点计分（1＝非常不同意，…，7＝非常同意），得分越高代表群体愤怒越强烈，内部一致性系数 $\alpha = 0.82$。

最后以因变量测量集体行动意愿。采用一道题（张书维等, 2012）："如果李某某、周某某等被校方暂扣两证的毕业生号召 A 大学学生在其上呈的《与校长请愿书》上签名以示声援，您是否愿意参加?"采用 7 点计分（1＝非常不愿意，…，7＝非常愿意），得分越高则代表参与集体行动的意愿越强。

5.2.3 结果与分析

1. 操纵检验

在验证假设前，需要检验自变量的操纵是否有效。首先检验群体相对剥夺操纵的有效性。完成反向计分后，对群体相对剥夺进行单因素方差分析，结果显示群体相对剥夺操纵的主效应显著，$F(1, 121) = 13.21$，$p < 0.001$，$\eta_p^2 = 0.11$。受到高群体相对剥夺操纵组的 61 名被试的得分（$M = 5.01$，$SD = 1.00$）显著高于低群体相对剥夺组的 60 名被试的得分（$M = 5.25$，$SD = 0.92$）。由此可知群体相对剥夺操纵有效。

2. 内隐测量的信度

内隐测量的信度计算方式不同于外显测量，根据已有文献，本研究将每位被试的两个正式测验阶段按奇偶分为两个部分，即每部分为 24 个实验试次，分别计算每个被试两部分的 D 值并计算其相关系数。由于本研究采用了分半信度，所以笔者还进行了斯皮尔曼-布朗（Spearman-Brown）校正。校正后得出本研究中 SC-IAT 的信度系数为 0.75。

3. 描述统计结果

本研究中所有变量的描述性统计及相关结果见表5-6。由于本研究中采用 SC-IAT 来测量内隐权威合法性，所以用 D 值的平均值代表内隐权威合法性的平均值，然后进行回归、调节效应的检验。与第 4 章的研究相同，本研究采用 Karpinski 和 Steinman（2006）计算 D 值的方法，计算出学校领导权威合法性 SC-IAT 的内隐效应平均值为 0.30，单样本 t 检验结果为 $t（120）=10.50$，$p<0.001$，Cohen's $d=0.95$，根据以往研究者的看法，这说明学校领导权威合法性 SC-IAT 的内隐效应整体上显著，学校领导权威合法性存在内隐层面，在内隐层面，被试感到应该服从学校领导（Gawronski and Payne，2011）。其中自变量与调节变量间的关系符合进行调节效应分析的条件，具有相对独立性（温忠麟、张雷、侯杰泰，2006），见表5-6。群体相对剥夺、群体愤怒与群体效能都与集体行动意愿显著相关，说明在本研究中，这些变量应该与上一个研究一样，可以较好地预测集体行动意愿。

表5-6　所有变量的描述性统计及相关结果（N=121）

变量名	M	SD	1	2	3
1. 群体相对剥夺操纵	N. A.	N. A.			
2. 内隐权威合法性	0.30	0.31	−0.02		
3. 群体愤怒	5.53	1.28	0.19*	−0.19*	
4. 集体行动意愿	5.47	1.47	0.18*	−0.16	0.63**

注：* 表示 $p<0.05$；** 表示 $p<0.01$；*** 表示 $p<0.001$。N. A. 表示因该变量为实验操纵，无法描述统计结果。

4. 内隐权威合法性对群体相对剥夺与集体行动意愿关系的作用：有中介的调节作用检验

上文中的相关分析提示笔者可以进一步验证本研究中的假设。根据集体行动的双路径模型和相关文献，由于遭受低相对剥夺时个体也会受到自发性加工的影响，所以内隐权威合法性的调节作用可能通过群体愤怒的中介作用实现。与子研究 2 一样，为了验证这一有中介的调节作用，笔者计划分三步对该有中介的调节作用进行检验（温忠麟、张雷、侯杰泰，2006；温忠麟、刘红云、侯杰泰，2012；叶宝娟、温忠麟，2013；Hayes，2013）。这里使用了 Hayes（2013）编写的 PROCESS 宏程序进行计算，Bootstrap 次数为 1000 次。

第一步，做集体行动意愿对内隐权威合法性、群体相对剥夺、内隐权威合法性×群体相对剥夺（交互项）的回归，即检验方程 $Y = c_0 + c_1 X + c_2 U + c_3 UX + e_1$。内隐权威合法性×群体相对剥夺（交互项）的回归系数为显著，$B = 1.47$，$p < 0.05$，95% 置信区间为 $[0.01, 2.95]$，说明内隐权威合法性调节群体相对剥夺与集体行动意愿间关系的作用是显著的，且调节变量越大，自变量对因变量的影响也就越大。使用简单斜率检验进行简单效应分析，结果表明，在高内隐权威合法性的条件下，接受高群体相对剥夺处理的被试参与集体行动的意愿显著高于接受低群体相对剥夺处理的被试（$B = 0.99$，$SE = 0.35$，$p < 0.05$）；在低内隐权威合法性的条件下，接受高群体相对剥夺处理的被试与接受低群体相对剥夺处理的被试参与集体行动的意愿没有显著差异（$B = 0.06$，$SE = 0.33$，$p > 0.10$）。其作用可通过图 5-4 清楚地展现出来。

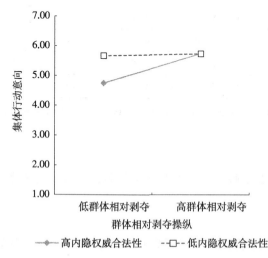

图 5-4　内隐权威合法性在群体相对剥夺与集体行动关系中的调节作用

第二步，将群体愤怒作为因变量，做群体愤怒对内隐权威合法性、群体相对剥夺、内隐权威合法性×群体相对剥夺（交互项）的回归，即检验方程 $W=a_0+a_1X+a_2U+a_3UX+e_2$。内隐权威合法性×群体相对剥夺（交互项）的回归系数为显著，$B=1.51$，$p<0.05$，95%置信区间为 $[0.09, 2.92]$，说明内隐权威合法性对群体相对剥夺与群体愤怒间关系的调节作用也是显著的。使用简单斜率检验进行简单效应分析，结果表明，在高内隐权威合法性的条件下，接受高群体相对剥夺处理的被试的群体愤怒显著高于接受低群体相对剥夺处理的被试（$B=0.95$，$SE=0.35$，$p<0.01$）；在低内隐权威合法性的条件下，接受高群体相对剥夺处理的被试与接受低群体相对剥夺处理的被试感知到的群体愤怒没有显著差异（$B=0.01$，$SE=0.31$，$p>0.10$）。其作用可通过图 5-5 清楚地展现出来。

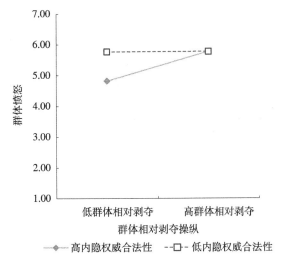

图 5-5　内隐权威合法性在群体相对剥夺与群体愤怒关系中的调节作用

第三步，将集体行动意愿作为因变量，做集体行动意愿对内隐权威合法性、群体相对剥夺、内隐权威合法性×群体相对剥夺（交互项）以及群体愤怒的回归，即检验方程 $Y=c'_0+c'_1X+c'_2U+c'_3UX+b_1W+e_3$。群体愤怒的系数为显著，$B=0.65$，$p<0.001$，95%置信区间为 $[0.42, 0.89]$，此时根据叶宝娟与温忠麟（2013）提出的检验方法可知该有中介的调节作用显著。

　　表5-7中的数据完整地呈现了有中介的调节模型的检验结果，本研究在证明了前一个假设之后，又证明了有中介的调节模型，内隐权威合法性对群体相对剥夺与集体行动关系的调节效应通过群体愤怒的中介，即调节变量在该中介过程中的前半部分就起到了调节作用。根据温忠麟等（2012）对间接调节效应的计算方法，在群体相对剥夺对集体行动意愿的影响过程中，内隐权威合法性的调节效应为 $c_3'+a_3\times b_1=1.47$，其中间接调节效应为 $a_3\times b_1=0.98$，直接调节效应为 $c_3'=0.49$，间接效应占了66.67%。该有中介的调节模型更为简洁的表达如图5-6所示。

表5-7　有中介的调节模型的检验结果（校标：集体行动意愿）（N=121）

项目	方程1 （校标：集体行动意愿）		方程2 （校标：群体愤怒）		方程3 （校标：集体行动意愿）	
	B	t	B	t	B	t
群体相对剥夺（X）	0.53	2.00*	0.48	2.13*	0.21	0.98
内隐权威合法性（U）	−0.71	−1.97	−0.74	−1.97	−0.23	−0.66
X×U	1.47	2.03*	1.51	2.00*	0.49	0.67
群体愤怒（W）					0.65	5.53***

注：* 表示 $p<0.05$；** 表示 $p<0.01$；*** 表示 $p<0.001$。

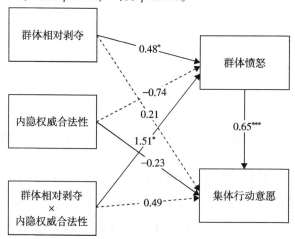

图5-6　群体相对剥夺对集体行动的作用：有中介的调节模型

注：* $p<0.05$；** $p<0.01$；*** $p<0.001$。

5.2.4　讨论

通过 SC-IAT 测量学校权威的内隐权威合法性，同时使用上一个研究使用的学校情境来操纵群体相对剥夺的范式，笔者考察了内隐权威合法性在群体相对剥夺与集体行动意愿之间关系中的调节作用。这是笔者对集体行动研究进行内隐社会认知研究的一次尝试。已有研究者认为，迫切需要在社会运动、集体行动的研究中关注双重加工模型，采用内隐测量的方式进一步开展对集体抗议的研究（Van Stekelenburg and Klandermans，2010）。也有学者曾强调在集体行动的理论框架中对不公平的感知是一种认知（Garrison，1992）。本研究证实了内隐权威合法性在集体行动的双路径模型中的作用，发掘了内隐社会认知在集体行动中的作用，在这一常常被争论是"理性"还是"非理性"的研究领域中，尽管本研究不能也不打算整合现有的各种理论，但也是对现有学者对集体行动需要开展相关内隐社会认知研究的建议的推进。

本研究不仅验证了内隐权威合法性的存在及其调节作用，还进一步验证了集体行动的双路径模型中愤怒路径可以中介内隐权威合法性的调节效应。本研究再次验证了内隐权威合法性的存在，此次采用"学校领导"作为 SC-IAT 中的属性词，同样验证了其内隐效应显著，说明内隐权威合法性存在于不同类型的权威中，可以更好地推广第 4 章的研究结论。该研究重点证实了笔者对内隐权威合法性作用的推断，支持了内隐社会认知能够在特殊情况下对集体行动等政治行动产生影响的观点，也是对 Van Zomeren（2012）提出的动态双路径模型理论的一个挑战，即在决定是否参与集体行动的整个过程中，个体并非完全保持"理性"加工。尽管以往多数研究者都认为，集体行动是一种政治活动，自然是一种典型的控制加工行为（Gawronski, et al., 2015）。双重加工模型理论虽然指出了另一种可能性，但一直没有在集体行动领域开展研究，本研究证实了文献分析后的结论，即参与线下集体行动可能是因为较高的行动代价和较高的收益，人们有进行有意加工的动机，如果此时群体相对剥夺较高，那么人们会有更强的有意加工动机，所以内隐权威合法性只能在低群体相对剥夺时发挥作用，且愤怒路径能中介该调节作用。这就与以往的内隐社会认知研究在政治心理学中的发现类似，在不具备完成任务的强烈动机时，就会使内隐社会认知对社会行为产生较大的影响（Gawronski, et al.,2015）。另外，对于 Van Zomeren（2012）提出的动态双路径模型理论来说，该发现并没有完全支持其理论观点，但一方面，该研究者提出个体会不断进行认知重评，而认知重评本身就有可能受到内隐社会认知的影响（Smith and Ellsworth, 1985）；另一方面，虽然该研究者重点强调认知重评，却并未在理论阐述中涉及关于内隐社会认知的讨论，这也许是该理论观点需要扩展的方面，但该发现还有待进一步研究证实。

结合子研究 2 和子研究 3，笔者初步证实了线下集体行动中权威合法性的调节作用，在笔者认为需要进行更多有意加工的此类集体行动中，外显与内隐权威合法性都能起到调节作用，它们的调节作用都能通过双路径模型中的愤怒路径得以发挥，但内隐权威合法性是因为当相对剥夺较低时，人们进行加工的动机变弱才起到调节作用的，这进一步证实了两者作为权威合法性的外显与内隐成分既是同一概念，又相对分离的特点，推进了对权威合法性的作用以及其与集体行动心理机制关系的研究，也促进了对集体行动相关理论的研究。为了进一步确定外显与内隐权威合法性的作用，有必要在另一种可能进行更多自发性加工的集体行动中考察两者的调节作用，即在网络情境下的集体行动中开展研究，进一步确定子研究 2 和子研究 3 的研究结果，尝试对权威合法性在 Web2.0 时代的作用进行验证。

5.2.5 小结

通过本研究，笔者验证了之前提出的所有假设，得出了如下结论：

1）学校领导权威合法性 SC-IAT 的内隐效应显著，即在内隐层面被试感觉应该服从学校领导。

2）高群体相对剥夺条件下的被试比低群体相对剥夺条件下的被试更愿意参与线下集体行动。

3）内隐权威合法性能够调节群体相对剥夺与线下集体行动之间的关系。

4）群体愤怒可中介内隐权威合法性对群体相对剥夺与线下集体行动意愿之间关系的调节作用。当群体相对剥夺操纵为低，且内隐权威合法性高时，个体会比内隐权威合法性低的个体产生更少的愤怒，进而弱化其参与集体行动的意愿；而接受高群体相对剥夺操纵的个体不会受到内隐权威合法性的影响，都会有较高的愤怒，进而有更强烈的参加集体行动的意愿。

群体相对剥夺对线上集体行动意愿的影响：
权威合法性的调节作用

6.1 子研究 4 群体相对剥夺对线上集体行动意愿的影响：外显权威合法性的调节作用

6.1.1 研究目的和研究假设

第 5 章的两个子研究都证实，在现实情境下发生的集体行动会受到外显与内隐权威合法性的调节，但对外显与内隐权威合法性而言，有中介的调节作用并不相同。笔者主要从动机的角度考虑，认为该差别是由线下集体行动的高收益和高代价决定的，在该情境下，人们进行有意加工的动机会更强。而根据集体行动的不同分类，线上集体行动和线下集体行动就有典型的区别，当集体行动发生在线上时（没有延续到线下），人们采用的多为转发、评论和点赞等代价相对较低的方式（Shi, et al., 2014；Thomas, et al., 2015）。Shi 等（2014）将在电子公告板（BBS）和微博上投票等方式称为软性集体行动（soft collective action），也叫低成本（low-cost）集体行动，研究发现这种情境下的群体愤怒比在高成本集体行动情境下要大。本研究推测在这种情境下，被试应该会更多地受到自发性加工的影响。根据文献分析和第 5 章的结论，内隐权威合法性在此时能够影响个体的行为，调节群体相对剥夺与集体行动的关系。但任何一种集体行动都是需要进行有意加工的复杂政治行动，尽管在网络情境下，个体对是否参与集体行动这一认知过程进行有意加工的动机会比在现实情境下弱许多，但其依然需要对此进行有意加工。尤其是受到群体相对剥夺较高的个体应该会比受到群体相对剥夺较低的个体更多地进行有意加工，这时应该类似于子研究 3 的结论，会更多地受到外显权威合法性的影响；而受到群体剥夺较低的个体会更少地进行有意加工，应该不会受到外显权威合法性的影响。所以群体相对剥夺对集体行动的影响应该还会受到外显权威合法性的调节，但具体的调节作用不同于子研究 2。而且，该外显权威合法性的调节作用应该不可以通过愤怒路径中介。具体原因如上文所述，群体相对剥夺较高的个体应该会比群体相对剥夺较低的个体更多地进行有意加工，此时外显权威合法性能够弱化不公平感，但由于愤怒路径在双路径模型中是基于情绪的路径，所以更容易受到自发性加工的影响，在线上集体行动中，由于影响有意加工的动机整体偏低，触发事件导致个体感受到的愤怒应该不会因为外显权威合法性的高低而得到调节。所以，本研究不需要验证外显权威合法性对群体相对剥夺与线上集体行动意愿间关系的调节作用能通过群体愤怒路径加以中介。

另外，虽然线上集体行动得到了国内外研究者的关注，但具体的结论并不一致。Thomas 等（2015）对 2012 年发生于"脸书"的反对"博科圣地"的线上以及线下集体行动进行了研究，发现群体愤怒能够预测集体行动，但群体效能对集体行动的预测作用不显著，其测量的集体行动方式包括通过社交网络转发、现实情境中的谈论等。薛婷等（2013）的研究结果显示，在网络情境下，当群体不利事件与个体自身利益直接相关时，群体效能可以预测集体行动，但群体愤怒不能预测集体行动，其测量的线上集体行动方式是通过人人网组织的签名活动。Shi 等（2014）则只验证了群体愤怒的预测作用，未能验证群体效能的预测作用，其测量的线上集体行动方式是通过 BBS 和微博投票。研究者认为，以上研究结果不同的原因很可能是各研究的因变量、测量方式不同。本研究使用改进后的测量方式，关注仅在线上发生的主要集体行动方式，并使用群体相对剥夺作为自变量，在此基础上验证线上集体行动中的双路径模型是否成立，从而验证本研究所采用范式的可靠性。

本研究的目的是在验证群体相对剥夺与线上集体行动关系的基础上，进一步研究证实权威合法性对该关系的调节作用。国内外对线上集体行动的已有实证研究（Shi, et al., 2014；Thomas, et al., 2015；薛婷等，2013）都广泛使用了阅读材料并进行操纵的方式或者真实情境追踪的方式，如前面的研究所述，在国内运用真实情境追踪的方式可行性较差，而情境材料的使用又得到了验证，所以研究者们通常采用情境材料来操纵变量。也有国内学者研究参与集体行动对相关变量的影响，证实实际微博操作组与阅读组之间的群体效能、群体愤怒以及集体行动意愿没有显著差异（冯宁宁等，2015）。所以本研究使用情境材料进行变量操纵和实验研究，只是改进了第5章两个子研究中的情境材料和呈现方式，并改进了集体行动意愿的测量方式，以适应线上集体行动的实际情况。另外，第5章研究的是学校这种层级社会结构中的权威合法性，需要根据第5章的研究对权威的范围进行拓展。所以本研究选用了社会中的地方政府权威作为研究权威合法性的对象，操纵方式与子研究2相同。

综上，本研究假设：在网络情境下，高群体相对剥夺条件下的被试会比低群体相对剥夺条件下的被试更愿意参与线上集体行动，外显权威合法性可以调节群体相对剥夺与线上集体行动之间的关系。具体来说，当权威合法性较低时，遭受更多群体相对剥夺的个体会比遭受更少群体相对剥夺的个体表现出更强的集体行动意愿；而当权威合法性高时，接受高群体相对剥夺操纵的个体与接受低群体相对剥夺操纵的个体没有显著差异。当群体相对剥夺操纵为高时，一旦面临群体不利，接受高权威合法性操纵的个体会比接受低权威合法性操纵的个体表现出更弱的参与集体行动的意愿；反之，当群体相对剥夺较低时，接受高水平权威合法性和低水平权威合法性操纵的个体参与集体行动的意愿差异不显著。

6.1.2　研究方法

1. 被试

被试为从 W 市随机招募的 197 名市民（均为非在校大学生、研究生），其中男性 101 名，女性 96 名，年龄为 17～38 岁（平均值 $M = 21.65$，标准差 $SD = 3.73$）。所有被试均是以"W 市市民微博行为与人格特质的关系"研究的名义随机招募后自愿参加的，保证所有被试在 W 市生活的时间达到两年或两年以上，并且有自主操作计算机的能力。

2. 实验设计

实验采用 2（群体相对剥夺：高群体相对剥夺、低群体相对剥夺）×2（外显权威合法性：高外显权威合法性、低外显权威合法性）的双因素组间实验设计。因变量为线上集体行动意愿。

3. 实验材料和程序

本实验共有四种实验条件，每个被试会随机接受一种实验条件的处理。实验程序采用 PsychoPy 3.0 编制，被试独自在独立、封闭的实验室中，在一台计算机上完成所有实验程序。在主试最初向被试介绍完实验目的、报酬等基本信息及注意事项以后，其余所有的指导语和信息都通过计算机呈现。指导语如下：

欢迎参加 A 大学组织行为研究中心主持的一项名为"W 市市民微博行为与人格特质的关系"的调查研究，今天的所有调查由您独立完成。调查过程中会有一些阅读材料和问卷要求您填写。整个调查大约持续 15 分钟。调查期间请您按照自己的真实想法作答，这对本研究非常重要。您在作答过程中如有问题可举手示意。在调查全部完成后，每名参与者都将获得精美礼品一份。

本实验分为四个步骤。

（1）阅读情境启动材料

给所有被试呈现相同的人格量表，该量表是大五人格测试的 10 题版。填写完量表以后，给所有被试呈现相同的 W 市简介，在被试阅读完成后，对其进行外显权威合法性的操纵，阅读高地方政府权威合法性或低地方政府权威合法性的情境启动材料。地方政府权威合法性的操纵方式改进自 Hays 等（2015）采用的权威获得权力的合法性操纵，在地位获得不合法的基础上，增加了权威决策与决策过程不公正的操纵内容。需要说明的是，地方政府权威合法性指的是该机构作为权威的合法性，由于该机构需要人作为执行实体，那么个体感知到的机构权威合法性实际上也是其感知到的该机构各个机关的领导班子的整体权威合法性，现有的针对机构的权威合法性和政治信任的测量也会以机构中的权威整体（如法庭中的法官）的合法性和对政府官员的信任为对象进行考察（Tyler and Jackson，2013；马得勇、王正绪，2012；熊美娟，2014），所以本研究可以通过操纵该机构的权威整体获得地位的合法性高低、机构的决策公正与否来操纵合法性。

被试阅读的 W 市简介如下（此处省略了地名信息部分）：

W 市由地方政府领导班子直接领导，负责各类行政管理事务。主要领导班子一般由市委、地方人大、中级人民法院、区委、各厅局等机构的负责人组成。所有与 W 市市民相关的生活保障、劳动就业、教育卫生、选举投票、行政法规、公共安全、水电交通的决策都由该领导班子制定。

其中，低外显权威合法性的材料反映的是 W 市领导班子获得的权威地位是不合法的，具体来说，被试阅读的材料如下：

本次 W 市的领导班子并非通过相当公正的选举产生，而是上级直接任命的。W 市原有的候选群体在 W 市工作得更久，有着更为丰富的在 W 市工作的经验，本应更适合担任领导班子来制定相关决策。由于现在的领导班子成员与上级领导有着更密切的私人关系，所以才得到了任命。

由于领导层的变动，W 市各级部门，如宣传部、市委信息办公室、广电局都进行了调整。各部门领导大多由上级直接重新任命，原有的候选群体在原部门工作得更久，有着更为丰富的在 W 市政府工作的经验，本应更适合担任相应的职位来实施相关决策。据悉，这次被任命的大多数部门领导与市领导有着更密切的私人关系，所以才得到了任命。

在现任 W 市政府领导的管理中，有关市民的政策常常出现不公正现象，领导班子不理会市民对相关决定的看法和意见，常常在领导班子开会过程中就直接做出决定，也不公开制定相关决策的讨论过程。各级部门也常常对前来办事的市民表现出不礼貌、不重视和不尊重。

高外显权威合法性操纵的材料反映的是 W 市领导班子获得的权威地位是合法的，具体来说，被试阅读的材料如下：

本次 W 市的领导班子通过相对公正的选举产生，是从本市原有的候选群体中选出来的。当选的 W 市领导比落选的候选者在 W 市工作得更久，有着更为丰富的在 W 市工作的经验，确实更适合担任领导班子来制定相关决策。由于现任领导班子成员有着丰富的经验和较高的教育水平，所以才得到了任命。

由于领导层的变动，W 市各级部门，如宣传部、市委信息办公室、广电局都进行了调整。部门领导大多为公开选拔而后任命，这些候补群体在原部门工作得更久，有着更为丰富的在 W 市政府工作的经验，的确更适合担任相应的职位来实施相关决策。据悉，这次被任命的大多数部门领导有着丰富的经验和较高的教育水平，所以才得到了任命。

在现任 W 市政府领导的管理中，有关市民的政策一般比较公正，领导班子会听取市民对相关决定的看法和意见，常常通过扩大会、听证会和普通市民一起做出决定，并公开制定相关决策的讨论过程。各级部门对前来办事的市民表现得相对礼貌、重视和尊重。

（2）被试阅读群体相对剥夺的情境材料

该材料改编自子研究 2 和子研究 3 使用的材料。该材料会对 W 市与 B 市今年在网络信息安全工作中的投入以及效果进行对比，每个被试阅读到的 B

市的投入信息是一致的。然后再呈现操纵的材料。操纵为高群体剥夺水平的被试会读到 W 市的城市舆情管理水平明显低于 B 市、W 市市民的社会满意度明显低于 B 市的信息，具体材料如下：

同为中部地区重镇的 W 市与 B 市相邻，两市在综合实力上可谓难分伯仲。在 2015 年"各级地方政府管理能力评估"中，W 市总分排名第 8，B 市总分排名第 9。在"中国大城市管理水平排行榜"中，两市的管理得分分列第 6 名、第 7 名。近年来，W 市在现代化管理，尤其是网络信息、舆情管理上所做的工作与 B 市相比，在人员和经费投入上稍显不足，这一结果直接反映在近期发布的 20 座"2015 年度全国舆情管理先进城市"名单上。中部地区共有 5 座城市入选，遗憾的是 W 市并未列在其中，B 市则榜上有名。由于该名单是权威部门首次发布，且专业调查机构的社会评价被首次引入城市舆情管理工作的评价标准中，因此，这份被称为"互联网思维 20 强"的城市名单一出炉，即在社会上引起了广泛关注和影响。这 20 座城市均为信息安全、舆情处理水平和社会满意度位居前列的城市，在满足社会需求、大力促进社会稳定和满足群众需求等方面具有很多经验和特色。

另外，某著名专业调查机构对各大城市舆情管理情况的跟踪调查显示，W 市和 B 市在 2013 年的几项关键指标，如总体回应率、人民幸福感、突发事件处理的优良比例、突出问题解决率上均不相上下。但之后两市的数据对比显示，W 市渐处下风，且与 B 市的差距有逐年扩大之势。该机构的信息安全专家综合分析了两市在舆情人才培养模式、处理专业化、舆情应对质量等方面的做法后表示，这一趋势在包括 2015 年在内的未来 3 年中恐难以改变。W 市应学习借鉴包括 B 市在内的"2015 年度全国舆情管理先进城市"的成功做法和经验，以使更多的舆情能得到完善解决，减少"瞒、拖、拒、删"的错误做法，保证社会改革平稳进行。

操纵为低群体剥夺水平的被试会读到 W 市的城市舆情管理水平略低于 B 市、W 市市民的社会满意度略低于 B 市的信息，具体材料如下：

同为中部地区重镇的 W 市与 B 市相邻，两市在综合实力上可谓难分伯仲。在 2015 年"各级地方政府管理能力评估"中，W 市总分排名第 8，B 市总分排名第 9。在"中国大城市管理水平排行榜"中，两市的管理得分分列第 6 名、第 7 名。近年来，W 市在现代化管理，尤其是网络信息、舆情管理上所做的工作与 B 市相比，在人员和经费投入上稍显不足，这一结果直接反映在近期发布的 20 座"2015 年度全国舆情管理先进城市"名单上。中部地区共有 5 座城市入选，遗憾的是 W 市并未列在其中，B 市则榜上有名。由于该名单是权威部门首次发布，且专业调查机构的社会评价被首次引入城市舆情管理工作的评价标准中，因此，这份被称为"互联网思维 20 强"的城市名单一出炉，即在社会上引起了广泛关注和影响。这 20 座城市均为信息安全、舆情处理水平和社会满意度位居前列的城市，在满足社会需求、大力促进社会稳定和满足群众需求等方面具有很多经验和特色。

另外，某著名专业调查机构对各大城市舆情管理情况的跟踪调查显示，W 市和 B 市在 2013 年的几项关键指标，如总体回应率、人民幸福感、突发事件处理的优良比例、突出问题解决率上均不相上下。之后两市的数据对比显示，W 市虽略处下风，但与 B 市的差距并不明显。该机构的信息安全专家综合分析了两市在舆情人才培养模式、处理专业化、舆情应对质量等方面的做法后表示，虽然 W 市此次未能入选 20 座全国舆情管理先进城市，但只要其在今后的工作中稍加努力，就很有希望在明年的榜单上与 B 市共同出现，从而使更多的舆情得到完善解决，减少"瞒、拖、拒、删"的错误做法，保证社会改革平稳进行。

需要说明的是，之所以将 W 市和 B 市进行比较，是因为两市在地理位置上相邻，虽然其特色不同，但是均为同一层次的中部核心城市。在被试阅读完两部分的材料以后，会进行操纵性检验，要求被试填写一份包括地方政府权威合法性操纵检验、相对剥夺操纵检验以及一些与实验相关的填充题目在内的问卷。

（3） 被试阅读导致群体不利的触发事件材料

由于本研究关注线上集体行动，所以每个被试会阅读一份关于 "W 市市民因转发被禁止传播信息致微博账号被封" 的真实事件报道的长微博截图和一些文字说明，文字说明会指出由于计算机屏幕太小，无法展示长微博的全部内容，所以微博中的内容将随后呈现，即呈现导致群体不利的事件材料。该材料改编自子研究 2 和子研究 3 中的材料，参考了薛婷等（2013）和 Shi 等（2014）的情境操纵，主要强调了地方政府权威在事件中的作用，使被试能够更为明确地认为事件的发生是权威及权威决策的结果。与子研究 2、子研究 3 一致，该材料仍然属于非直接利益相关材料（张书维、王二平、周洁，2012）。被试阅读的具体材料如下：

因为在新浪微博转发关于雾霾的信息，W 市的部分市民发现自己被禁止在微博上发表信息，俗称 "禁言"。一般来说，此种情况只会受到禁言一天的惩罚，可这次 "禁言" 却在三天后仍未解除。

在数天前的一个凌晨，一场严重的雾霾突袭了大半个中国，很多网友纷纷发表自己的看法。而来自 W 市的一名微博网友（ID："一颗看起来很好吃的草莓"）却在第二天发现自己被禁言，微博账号无法登录，提示为账号被冻结。该网友随即查阅邮箱发现，原来是 W 市政府将其转发关于雾霾严重、政府不作为的帖子视为谣言，而通知新浪微博对其账号进行了封禁。"我转发的是××拍摄的纪录片《××》，虽然该纪录片被官方禁止播出，但是，我也并没有传播谣言。只是写了几句简单的吐槽政府不作为的话，为什么要查封我的账号呢？" 他说，该禁言并未标注时间，而这个倾注了他大量心血的微博账号有可能就此失去。

"我联系了查看该视频的网友，他们反映确实有大量账号被封禁，而且大部分都是 W 市的网友，其余城市的网友却很少被禁言。" 对此他觉得非常奇怪，"如果是违反了相关规定，应该受到相同处罚才对。" 随后，当他联系新浪微博运营方时，有人向他指出每个城市采用的策略不一样，W 市由于常年采用简单的方式应对网络舆情，所以他们接到 W 市的封禁要求是最多的，其实就是为了使地方政府在上级政府的评价中表现得更好。当该名网友联系 W 市的相关部门时，对方矢口否认，说他的账号被封禁是因为违反了微博的相关规定，与 W 市政府无关。

包括微博 ID 为"一颗看起来很好吃的草莓"的网友在内的多位网友认为，微博之所以对 W 市的网友如此"照顾"，就是因为 W 市出于自己的管理方针，为了保护自己的形象而采用了粗暴的舆情管理手段。另一微博 ID 为"闹铃你别吵"的网友称，W 市网友大批被禁言已不是第一次，这种不顾人民正常反应的、极端的控制是不符合常理的。他说："在网络上转发信息是常见的事情，网民没办法对每一条信息进行核实，这应该是政府的责任。如果是他们没做好，为什么要让我们承担责任。"

眼见找回账号到年底也没有着落，包括微博 ID 为"一颗看起来很好吃的草莓"的网友在内的数十位网友已决定近期采取集体维权行动：联合 W 市其他因此次事件被封禁微博账号的市民，并呼吁其他 W 市市民给予声援，就 W 市政府无端要求封禁自己的微博账号一事，采用"集体转发并@W 市政府@W 市委宣传部@W 市中级人民法院"的方式，要求 W 市政府撤销这一不公平的管理决策，给予包括他们在内的所有 W 市市民和其他省市人民相同的使用微博的机会。他们还表示会根据结果，进一步采用递交 W 市市民集体签名的公开信到 W 市政府的维权方式。

（4）中介变量与因变量的测量

阅读完相关材料后，进行中介变量与因变量的测量，包括对群体愤怒、群体效能以及集体行为意愿的测量。被试在完成所有回答之后，会被要求填写人口学变量问卷，包括性别、年龄和职业等。最后在请求被试保密实验真实目的后，告知被试真实的实验目的且实验材料也为虚构，在取得被试的谅解后，由被试签署实验知情同意书。在所有步骤完成以后，每名被试都会得到相同价值的礼物作为酬劳。

4. 变量测量

自变量操纵检验包括地方政府外显权威合法性与群体相对剥夺操纵检验。地方政府外显权威合法性采用第 5 章中子研究 2 中的 4 道题测量其操纵有效性。如"W 市地方政府应该有权力执行其认为最好的决定"。采用 7 点计分(1=非常不同意,…,7=非常同意),得分越高代表 W 市地方政府的权威合法性越高,内部一致性系数 α =0.89。群体相对剥夺采用 3 道题测量其操纵有效性(Tropp and Wright,1999;张书维等,2012),如"作为 W 市市民,您认为和 B 市市民相比,在通过微博发表观点方面:××××"。采用 7 点计分(1=非常不自由,…,7=非常自由),反向计分以后,得分越高代表群体相对剥夺越高,内部一致性系数 α =0.78。

群体愤怒采用 3 道题测量(Van Zomeren, et al., 2004;Van Zomeren, Spears, and Leach, 2008;Van Zomeren, et al., 2010;张书维等,2012),如"对于 W 市地方政府要求新浪封禁市民微博账号这一做法,作为一名 W 市市民,您感到愤怒"。采用 7 点计分(1=非常不同意,…,7=非常同意),得分越高代表群体愤怒越高,内部一致性系数 α =0.84。

群体效能采用 3 道题进行测量(Van Zomeren, et al., 2004;Van Zomeren, Spears, and Leach, 2008;Van Zomeren, et al., 2010;张书维等,2012),如"如果 W 市市民联合起来,就能够成功维护自己的权利"。采用 7 点计分(1=非常不同意,…,7=非常同意),反向计分,得分越高代表群体效能越高,内部一致性系数 α =0.81。

因变量测量的是线上集体行动意愿。此处改进自相关文献,关注网络独有的集体行动方式(Shi, et al., 2014;Thomas, et al., 2015),采用 3 道题目,包括微博上常见的三种参与热点的行为:点赞、评论和转发。例如,"如果'一颗看起来很好吃的草莓'等被市政府查封微博账号的市民号召其他 W 市市民以在微博上转发他们@ 市政府的微博的方式以示声援,您是否愿意参加?"采用 7 点计分(1=非常不愿意,…,7=非常愿意)。与第 5 章不同,这种集体行动意愿的测量代表着网络情境下的集体行动意愿，得分越高则代表参与集体行动的意愿越强，内部一致性系数 $\alpha = 0.90$。

6.1.3 结果与分析

1. 操纵检验

在验证假设前，首先检验自变量的操纵是否有效。首先检验权威合法性操纵的有效性，对外显地方政府权威合法性进行 2（群体相对剥夺：高群体相对剥夺、低群体相对剥夺）×2（地方政府权威合法性：高权威合法性、低权威合法性）方差分析，结果显示权威合法性操纵的主效应显著，$F(1, 193) = 31.29$，$p < 0.001$，$\eta_p^2 = 0.15$。受到高权威合法性操纵的 96 名被试的得分（$M = 4.61$，$SD = 0.96$）显著高于低权威合法性操纵组的 101 名被试的得分（$M = 3.78$，$SD = 1.14$）。群体相对剥夺的主效应不显著，$F(1, 193) = 2.07$，$p > 0.05$。权威合法性操纵和群体相对剥夺的交互效应不显著。由此可知权威合法性操纵有效。

然后检验群体相对剥夺操纵的有效性。完成反向计分后，对群体相对剥夺进行单因素方差分析，结果显示群体相对剥夺操纵的主效应显著，$F(1, 195) = 8.47$，$p < 0.01$，$\eta_p^2 = 0.05$。受到高群体相对剥夺操纵的 101 名被试的得分（$M = 4.42$，$SD = 0.82$）显著高于低群体相对剥夺操纵组的 96 名被试的得分（$M = 4.05$，$SD = 0.96$）。由此可知群体相对剥夺操纵有效。

2. 描述统计结果

在不同的权威合法性操纵下，受到高、低群体相对剥夺操纵的被试参与线上集体行动意愿的描述性统计结果见表6-1。

表6-1　集体行动意愿的描述性统计结果 （N=197）

权威合法性	群体相对剥夺	N	M	SD
高权威合法性	低群体相对剥夺	48	4.29	1.34
	高群体相对剥夺	48	4.51	1.55
低权威合法性	低群体相对剥夺	48	4.36	1.61
	高群体相对剥夺	53	5.28	1.32

由于本研究需要关注中介变量的影响，所以加入中介变量进行相关分析，见表6-2。

表6-2　所有变量的描述性统计及相关结果 （N=197）

变量名	M	SD	1	2	3	4
1. 权威合法性操纵	N.A.	N.A.				
2. 群体相对剥夺操纵	N.A.	N.A.	−0.02			
3. 群体愤怒	5.28	1.69	−0.11	0.21**		
4. 群体效能	4.93	1.18	−0.05	0.15*	0.42***	
5. 集体行动意愿	4.63	1.52	−0.14*	0.19*	0.51***	0.51***

注：* 表示 $p < 0.05$；** 表示 $p < 0.01$；*** 表示 $p < 0.001$。N.A. 表示因该变量为实验操纵，无法描述统计结果。

3. 线上集体行动中双路径模型的验证

在本研究中，首先需要验证网络情境下集体行动的双路径模型。第一步，采用 t 检验验证线上集体行动意愿是否受到群体相对剥夺操纵的影响。结果发现 $t_{(195)} = -2.75$，$p < 0.01$，说明群体相对剥夺操纵影响了个体的线上集体行动意愿，群体相对剥夺越高，线上集体行动就越容易发生。

随后，采用 Hayes （2013） 发布的 PROCESS 程序对本模型的多重中介进行计算，以线上集体行动意愿为因变量，对群体相对剥夺操纵（虚拟化）、群体愤怒和群体效能进行回归，Bootstrap 次数为 5000。结果发现该回归方程显著，$F_{(3, 193)} = 38.10$，$p < 0.001$，$R^2 = 0.37$，整个方程能解释中等程度的

变异。群体愤怒对线上集体行动意愿的作用显著，$B=0.42$，$p<0.001$；群体效能对线上集体行动意愿的作用显著，$B=0.46$，$p<0.001$；群体相对剥夺操纵对群体愤怒的作用显著，$B=0.52$，$p<0.01$；群体相对剥夺操纵对群体效能的作用显著，$B=0.35$，$p<0.05$；群体愤怒和群体效能对群体相对剥夺操纵的回归系数的95%置信区间分别为 [0.17, 0.88] 和 [0.04, 0.67]，两者的置信区间内都不包括0，由此可知，两者对群体相对剥夺与线上集体行动的关系的中介效应非常稳定。被中介后的群体相对剥夺操纵对线上集体行动意愿的作用不显著，$B=0.21$，$p>0.10$。以上计算结果可以简洁地表达为图6-1。也就是说，在改进测量方法后，线上集体行动的双路径模型在本研究中是成立的，而且两条路径完全中介了群体相对剥夺对线上集体行动意愿的影响。

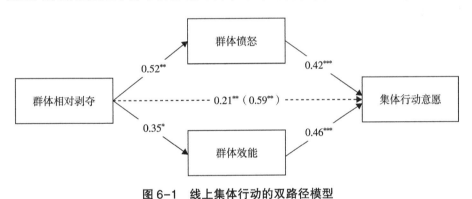

图6-1　线上集体行动的双路径模型

注：* 表示 $p<0.05$；** 表示 $p<0.01$；*** 表示 $p<0.001$。

4. 权威合法性在群体相对剥夺与线上集体行动意愿关系中的调节作用

验证了线上集体行动的双路径模型以后，就需要验证权威合法性在群体相对剥夺与线上集体行动意愿之间关系中的调节作用。以权威合法性与群体相对剥夺操纵为自变量，以集体行动意愿为因变量，进行组间设计方差分析。结果表明，群体相对剥夺操纵的主效应显著，$F(1, 193)=7.22$，$p<0.01$，$\eta_{\mathrm{p}}^{2}=0.04$；权威合法性的主效应为边缘显著，$F(1, 193)=3.86$，$p>0.05$，$\eta_{\mathrm{p}}^{2}=0.02$；权威合法性与群体相对剥夺操纵的二阶交互不显著，$F(1, 193)=2.68$，$p>0.10$，$\eta_{\mathrm{p}}^{2}=0.01$。方差分析结果见表6-3。

表6-3　方差分析结果（N=197）

变量	平方和	自由度	均方	F	p	η_p^2
权威合法性操纵（A）	8.51	1	8.51	3.86	0.06	0.02
群体相对剥夺操纵（B）	15.91	1	15.91	7.22	0.008	0.04
A×B	5.91	1	5.91	2.68	0.11	0.01
误差	425.145	193	2.20			

由此可见，外显权威合法性并没有在群体相对剥夺与线上集体行动意愿的关系中起到调节作用，也不能直接影响线上集体行动意愿。如图6-2所示，尽管结果出现了假设中描述的趋势，但外显权威合法性的调节作用假设未能得到验证。

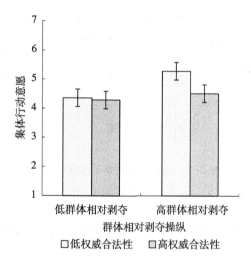

图6-2　外显权威合法性对群体相对剥夺与线上集体行动意愿之间关系的调节作用

6.1.4　讨论

通过情境来操纵地方政府的权威合法性和群体相对剥夺，笔者通过情境实验考察了线上集体行动的双路径模型，发现双路径模型成立。这与Thomas等（2015）在对"脸书"上的集体行动进行追踪研究后得出的结论有一致之处。该研究者在分析文献时就指出，其研究关注这种集体行动是否需要一种全新的模型来解释，结果发现，现有的整合的社会认同模型就有充足的解释力，但群体效能路径不显著，所以仍需进一步研究。也就是说，双路径模型在该研究中仍具有较好的解释力，并不需要新的模型。之所以会出现不一致的部分，可能是因为该研究者使用的因变量包括线下和线上的集体行动行为，尽管其与笔者同样采用社交媒体上的转发行为来代表线上集体行动的行为。另一个可能的原因是，本书为了实现比较线上与线下集体行动的目的，统一使用了群体相对剥夺这一更加直接的因变量，而不是将社会认同作为因变量。需要注意的是，社会认同这一因变量在解释全球性的线上集体行动方面可能更好，以后可以进一步展开研究。同时，本研究还与 Shi 等（2014）的研究有一致之处，该研究认为，被试在进行软性集体行动时，群体愤怒有很好的中介作用，尽管在其结果中群体效能的中介作用不显著，但可能是因为其采用的集体行动行为的测量方式为 BBS 投票，这对许多人来说并不是常见的社交媒体行为方式，被试可能因为不熟悉该行为而不清楚其作用，所以被认为缺乏群体效能。而本研究采用的则完全是被试熟悉的操作方式，群体效能的中介作用显著也就成为可能。这也说明本研究采用的因变量测量方式在研究线上集体行动时相对而言可能更好。

本研究通过情境实验考察了外显权威合法性对群体相对剥夺与线上集体行动意愿之间关系的调节作用，结果发现，群体相对剥夺能够影响线上集体行动意愿，但外显权威合法性不能对该关系进行调节。这与研究最初的假设是不一致的，也与子研究 2 的结果不一致。本研究已经推断群体愤怒可能不会受到权威合法性的调节作用，即外显权威合法性可能在人们倾向于进行自发性加工时，对缓解群体相对剥夺带来的不公正感没有作用。但本研究认为，线上集体行动是一种存在较多有意加工的政治行动，应该还是会受到外显权威合法性的影响，在群体相对剥夺较低时，被试的集体行动意愿应与子研究 2 中群体相对剥夺较低时的被试反应一致，从而起到调节作用。尽管最后的结果是作用不显著，但呈现的趋势还是和假设相符。根据该结果并回顾第 2 章的文献分析，笔者认为可能是因为影响人们进行线上集体行动的有意加工的动机水平不足，这有两种解释：一种解释是动机水平过低，导致外显测量结果对个体行为的影响完全降低为不显著；另一种解释是群体相对剥夺对线上集体行动意愿的影响偏低，这符合 Thomas 等（2015）所持的线上集体行动更多是由于群体认同而发生的观点。虽然群体相对剥夺操纵为高的被试动机较强烈，但其受到权威合法性的影响也较小，导致两者没有差异。根据实验结果，权威合法性的主效应边缘显著，笔者认为，第二种解释成立的可能性较大。无论如何，外显权威合法性在群体相对剥夺和线上集体行动意愿间的关系中没有调节作用，那么可以猜测，在线上集体行动中，内隐权威合法性会对个体的行为有更大的影响，即其在群体相对剥夺与线上集体行动意愿间关系中的调节作用显著，应该进行下一步的验证。

另外，对比本研究与已有研究的一致之处，可以认为线上集体行动操纵方式有助于研究真实情境下的线上集体行动，可进一步用于内隐权威合法性在线上集体行动心理机制中的调节作用的研究。

6.1.5 小结

通过本研究，笔者验证了之前提出的部分假设，得出了如下结论：

1）高群体相对剥夺条件下的被试会比低群体相对剥夺条件下的被试更愿意参与线上集体行动。

2）群体相对剥夺对线上集体行动的影响受到群体愤怒和群体效能两条路径的完全中介。

3）外显权威合法性不能调节群体相对剥夺与线上集体行动意愿之间的关系。

6.2 子研究5 群体相对剥夺对线上集体行动意愿的影响：内隐权威合法性的调节作用

6.2.1 研究目的和研究假设

第5章的子研究3证实了内隐权威合法性对群体相对剥夺与线下集体行

动间的关系有调节作用，并可以通过情绪路径中介该调节效应。同时，本章的子研究 4 发现，外显权威合法性并不能调节群体相对剥夺与线上集体行动之间的关系，根据上文的分析，应该是由于线上集体行动的成本过低，个体进行有意加工的动机不足，那么，内隐权威合法性应该能对群体相对剥夺与线上集体行动间的关系产生调节作用。可以进一步推测，与子研究 3 一样，愤怒路径能中介其调节效应。

本研究的目的是通过 SC-IAT 与情境实验来研究内隐权威合法性在线上集体行动的双路径模型中的情绪路径的调节作用。实验流程改编自子研究 4，考虑到内隐态度难以在短时间内发生改变，故将其中的外显权威合法性操纵修改为对地方政府的权威合法性进行 SC-IAT，然后将被试随机分配到两种群体相对剥夺操纵中进行实验，最后进行有中介的调节效应检验。由于内隐联想测验实质上是由测量大脑中两种概念的联结程度决定的（Gawronski and Creighton，2013），所以本研究中的"地方政府"指的是 W 市地方政府，应选择在 W 市生活了三年或三年以上的被试，以保证内隐联想的联结较为紧密。

基于此，本研究假设：内隐权威合法性能够调节群体相对剥夺与线上集体行动意愿之间的关系，其中群体愤怒能中介内隐权威合法性对群体相对剥夺与线上集体行动意愿之间关系的调节作用。具体来说，当内隐权威合法性低时，无论群体遭受的相对剥夺程度高低，只要面临群体相对剥夺或群体不利，个体都会出现对不公平的责备，产生较多的群体愤怒，进而参与线上集体行动。当内隐权威合法性高且群体相对剥夺较低时，个体会产生更少的愤怒，进而减弱其参与线上集体行动的意愿；而接受高群体相对剥夺处理的个体则会更多地进行有意加工，不会或较少受到内隐权威合法性的影响，仍然有更强的参与线上集体行动的意愿。

6.2.2 研究方法

1. 被试

被试为从 W 市随机招募的 184 名市民（均为非在校大学生、研究生），其中男性 93 名，女性 91 名，年龄为 18~36 岁（平均值 $M = 23.5$，标准差 $SD = 3.70$）。所有被试均是以"W 市市民微博行为与人格特质的关系"研究的名义随机招募后自愿参加的，保证所有被试在 W 市生活的时间达到三年或三年以上，并且有自主操作计算机的能力。参加过子研究 4 的被试不会在本研究中使用。

2. 实验设计

实验采用两个自变量，组间实验设计。其中一个自变量为群体相对剥夺，通过情境材料操纵群体相对剥夺为高群体相对剥夺、低群体相对剥夺；另一个自变量为内隐权威合法性，采用第 4 章中编制的 SC-IAT 程序测量被试的内隐权威合法性。因变量为线上集体行动意愿。

3. 实验材料和程序

实验程序采用 PsychoPy 3.0 编制，被试独自在独立、封闭的实验室中，在一台计算机上完成所有实验程序。在主试最初向被试介绍完实验目的、报酬等基本信息及注意事项以后，其余所有的指导语和信息都通过计算机呈现。指导语如下：

欢迎参加 A 大学组织行为研究中心主持的一项名为"W 市市民微博行为与人格特质的关系"的调查研究，今天的所有调查由您独立完成。调查过程中会有反应能力的测试以及一些阅读材料和问卷要求您完成。整个调查大约持续 15 分钟。调查期间请您按照自己的真实想法作答，这对本研究非常重要。您在作答过程中如有问题可举手示意。在调查全部完成后，每名参与者都将获得精美礼品一份。

本实验分为四个步骤。

（1）属性词归类

采用子研究 1 设计的单类内隐联想测验，对内隐权威合法性进行测量。

在被试阅读完指导语以后进入 SC-IAT 程序，本次研究采用的是子研究 1 中的 SC-IAT 程序，权威概念词类型为 "地方政府"。SC-IAT 实验程序会在开始时提示被试将双手的食指分别放在 E 键与 I 键上，要求被试集中注意力，在保证正确的前提下，尽量快速地完成词语归类任务。概念词和属性词或组合的标签会分别呈现在屏幕的左上角和右上角，所有刺激词随机呈现在屏幕中间，若被试将刺激词归为左上方的类别，则按下 E 键；若被试将刺激词归为右上方的类别，则按下 F 键。如果反应正确，屏幕中间会呈现绿色的 "√"，持续 200ms；如果出现错误，屏幕中间会呈现红色的 "×"，同样持续 200ms，同时还需要被试按下正确的反应键进行纠正。为了使左右按键出现的概率一致，在表 4-2 中的步骤 1 和步骤 2 里，代表 "地方政府" "服从" 和 "不服从" 的词按 1 : 1 : 2 的频率呈现给被试；在步骤 3 和步骤 4 中，代表 "地方政府" "服从" 和 "不服从" 的词按 1 : 2 : 1 的频率呈现给被试。被试所有相关的反应按键与反应时均会通过计算机记录后供研究者分析。

（2）被试阅读群体相对剥夺的情境材料

该材料与子研究 4 中的材料一致。该阅读材料会对 W 市与 B 市今年在网络信息安全工作中的投入以及效果做对比，每个被试阅读到的 B 市的投入信息是一致的，然后再呈现操纵的材料。操纵为高群体剥夺水平的被试会读到 W 市的城市舆情管理水平明显低于 B 市、W 市市民的社会满意度明显低于 B 市的材料；操纵为低群体剥夺水平的被试会读 W 市的城市舆情管理水平略低于 B 市、W 市市民的社会满意度略低于 B 市的材料。在被试阅读完该部分的材料后，会进行操纵检验，要求被试填写一份包括相对剥夺操纵检验以及一些与实验相关的填充题目在内的问卷。

（3）被试阅读导致群体不利的触发事件材料

每个被试会阅读一份关于 "W 市市民因转发被禁止传播信息致微博账号被封" 的真实事件报道的长微博截图和一些文字说明，文字说明会指出由于计算机屏幕太小，无法展示长微博的全部内容，所以微博中的内容将随后呈现，即呈现导致群体不利的事件材料。该材料使用了子研究 4 中的材料，主要强调了地方政府权威在事件中的作用，使被试能够更为明确地认为事件的发生是权威及权威决策的结果。

（4）中介变量与因变量的测量

阅读完相关材料后，进行中介变量与因变量的测量，包括对群体愤怒、群体效能以及集体行为意愿的测量。被试在完成所有回答之后，会被要求填写人口学变量问卷，包括性别、年龄和职业等。最后在请求被试保密实验的真实目的后，告知被试真实的实验目的且实验材料为虚构，在取得被试谅解后，由被试签署实验知情同意书。在所有步骤完成后，每名被试都会得到相同价值的礼物作为酬劳。

4. 变量测量

首先进行内隐权威合法性测量。本实验中使用的 SC-IAT 程序为子研究 1 所编制的程序，通过个体对"地方政府"（权威）之类的概念词与一对属性词组成的相容—不相容任务反应时之差来测量。本研究不进行组块顺序平衡和实验顺序平衡。

接着进行自变量操纵检验。群体相对剥夺采用 3 道题测量其操纵有效性（Tropp and Wright，1999；张书维等，2012），如"作为 W 市市民，您认为和 B 市市民相比，在通过微博发表观点方面：××××"。采用 7 点计分（1＝非常不自由，…，7＝非常自由），反向计分以后，得分越高代表群体相对剥夺越高，内部一致性系数 $\alpha = 0.81$。

群体愤怒采用 3 道题测量（Van Zomeren, et al., 2004；Van Zomeren, Spears, and Leach, 2008；Van Zomeren, et al., 2010；张书维等，2012），如"对于 W 市政府要求新浪封禁市民微博账号这一做法，作为一名 W 市市民，您感到愤怒"。采用 7 点计分（1＝非常不同意，…，7＝非常同意），得分越高代表群体愤怒越高，内部一致性系数 $\alpha = 0.80$。

因变量测量的是线上集体行动意愿。此处改进自相关文献，关注网络独有的集体行动方式（Shi, et al., 2014；Thomas, et al., 2015），采用 3 道题测量，包括微博上常见的三种参与热点的行为：点赞、评论和转发。例如，"如果'一颗看起来很好吃的草莓'等被市政府查封微博账号的市民号召W市市民以在微博上转发他们@市政府的微博的方式以示声援，您是否愿意参加？"采用7点计分（1=非常不愿意，…，7=非常愿意）。与第5章不同，这种集体行动意愿的测量代表网络情境下的集体行动意愿，得分越高代表参与集体行动的意愿越强，内部一致性系数 $\alpha = 0.91$。

6.2.3 结果与分析

1. 操纵检验

在验证假设前，需要检验自变量的操纵是否有效。首先检验群体相对剥夺操纵的有效性。完成反向计分后，对群体相对剥夺进行单因素方差分析，结果显示群体相对剥夺操纵的主效应显著，$F(1, 182) = 5.87$，$p < 0.05$，$\eta_p^2 = 0.03$。高群体相对剥夺操纵组的93名被试的得分（$M = 4.37$，$SD = 0.77$）显著高于低群体相对剥夺组的91名被试的得分（$M = 4.07$，$SD = 0.97$）。可知群体相对剥夺操纵有效。

2. 内隐测量的信度

内隐测量信度的计算方式不同于外显测量，根据已有文献，本研究将每位被试的两个正式测验阶段按奇偶分为两个部分，即每部分为24个实验试次，分别计算每个被试两部分的 D 值及其相关系数。由于采用了分半信度，因此笔者还进行了斯皮尔曼-布朗校正。校正后得出本研究中 SC-IAT 的信度系数为0.79。

3. 描述统计结果

本研究中所有变量的描述性统计及相关结果见表6-4。由于本研究中采用 SC-IAT 来测量内隐权威合法性，因此用 D 值的平均值代表内隐权威合法性的平均值，然后进行回归、调节效应的检验。与第4章的研究相同，采用 Karpinski 和 Steinman（2006）计算 D 值的方法，计算出地方政府权威合法性

SC-IAT 的内隐效应平均值为 $D=0.34$，单样本 t 检验结果为 t（183）$=15.32$，$p<0.001$，Cohen's $d=1.34$。根据以往研究者的看法，这说明地方政府权威合法性 SC-IAT 的内隐效应整体上显著，地方政府权威合法性存在内隐层面（Gawronski and Payne，2011）。这与第 4 章的研究结论相同。其中自变量与调节变量间的关系符合进行调节效应分析的条件，具有相对独立性（温忠麟、张雷、侯杰泰，2006），见表 6-4。群体相对剥夺、群体愤怒都与集体行动意愿显著相关，说明在本研究中，这些变量应该与子研究 4 一样可以较好地预测集体行动意愿，可以进行下一步分析。

表 6-4　所有变量的描述性统计及相关结果（$N=184$）

变量名	M	SD	1	2	3
1. 群体相对剥夺操纵	N. A.	N. A.			
2. 内隐权威合法性	0.34	0.34	0.11		
3. 群体愤怒	5.32	1.21	0.19*	-0.03	
4. 集体行动意愿	4.63	1.32	0.16*	-0.16*	0.45***

注：* 表示 $p<0.05$；** 表示 $p<0.01$；*** 表示 $p<0.001$。N. A. 表示因该变量为实验操纵，无法描述统计结果。

4. 内隐权威合法性对群体相对剥夺与线上集体行动意愿间关系的作用：有中介的调节作用检验

上文中的相关分析提示笔者可以进一步验证本研究中的假设，且子研究 4 已经证实了线上集体行动双路径模型的存在，根据集体行动的双路径模型和相关文献，内隐权威合法性的调节作用可能会通过群体愤怒的中介作用得以实现。与子研究 2 一样，为了验证这一有中介的调节作用，笔者计划分三步对该有中介的调节作用进行检验（温忠麟、张雷、侯杰泰，2006；温忠麟、刘红云、侯杰泰，2012；叶宝娟、温忠麟，2013；Hayes，2013）。使用 Hayes（2013）编写的 PROCESS 宏程序进行计算，Bootstrap 次数为 1000 次。

第一步，做集体行动意愿对内隐权威合法性、群体相对剥夺、内隐权威合法性×群体相对剥夺（交互项）的回归，即检验方程 $Y=c_0+c_1X+c_2U+c_3UX+e_1$。内隐权威合法性×群体相对剥夺（交互项）的回归系数为显著，$B=-2.01$，$p<0.001$，95%置信区间为 $[-3.11,-0.90]$，说明内隐权威合法性调节群体相对剥夺与集体行动意愿间关系的作用是显著的，且调节变量越小，自变量对因变量的影响就越大。使用简单斜率检验进行简单效应分析（Aiken and West，1991），结果表明，在低内隐权威合法性的条件下，接受高群体相对剥夺操纵的被试参与集体行动的意愿显著高于接受低群体相对剥夺处理的被试，$B=1.13$，$t=4.03$，$p<0.001$；在高内隐权威合法性的条件下，接受高群体相对剥夺操纵的被试与接受低群体相对剥夺操纵的被试参与集体行动的意愿没有显著差异，$B=-0.20$，$t=-0.26$，$p>0.05$。其作用可通过图6-3清楚地展现出来。群体相对剥夺操纵虚拟化后系数显著，$B=1.15$，$p<0.001$，95%置信区间为 $[0.63,1.68]$，说明内隐权威合法性对集体行动意愿无显著影响。同时，笔者还发现，在低群体相对剥夺的条件下，内隐权威合法性较高不能预测更强的集体行动意愿（$B=0.27$，$SE=0.39$，$p>0.05$）；在高群体相对剥夺的条件下，高内隐权威合法性的被试会比低内隐权威合法性的被试有更弱的集体行动意愿（$B=-1.73$，$SE=0.40$，$p<0.001$）。

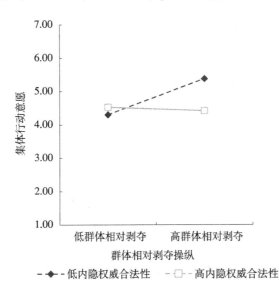

图6-3　内隐权威合法性在群体相对剥夺与线上集体行动间关系中的调节作用

第二步，将群体愤怒作为因变量，做群体愤怒对内隐权威合法性、群体相对剥夺、内隐权威合法性×群体相对剥夺（交互项）的回归，即检验方程 $W=a_0+a_1X+a_2U+a_3UX+e_2$。内隐权威合法性×群体相对剥夺的回归系数为显著，$B=-2.04$，$p<0.001$，95% 置信区间为 $[-3.06,-1.02]$，说明内隐权威合法性对群体相对剥夺与群体愤怒间关系的调节作用也是显著的。进行简单效应分析的结果表明（图6-4），在低内隐权威合法性的条件下，接受高群体相对剥夺操纵被试的集体行动意愿显著高于接受低群体相对剥夺操纵的被试，$B=1.15$，$t=4.43$，$p<0.001$；在高内隐权威合法性的条件下，接受高群体相对剥夺操纵的被试与接受低群体相对剥夺操纵的被试的集体行动意愿没有显著差异，$B=-0.21$，$t=-0.30$，$p>0.05$。群体相对剥夺操纵虚拟化后系数为显著，$B=1.17$，$p<0.001$，95% 置信区间为 $[0.68,1.66]$。内隐政府权威合法性的回归系数为显著，$B=0.83$，$p<0.05$，95% 置信区间为 $[0.11,1.53]$。

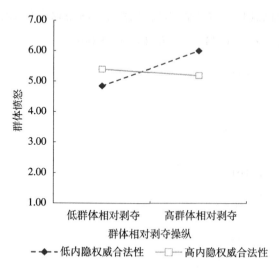

图6-4　内隐权威合法性在群体相对剥夺与群体愤怒间关系中的调节作用

第三步，将集体行动意愿作为因变量，做集体行动意愿对内隐权威合法性、群体相对剥夺、内隐权威合法性×群体相对剥夺（交互项）以及群体愤怒的回归，即检验方程 $Y=c'_0+c'_1X+c'_2U+c'_3UX+b_1W+e_3$。群体愤怒的系数为显著，$B=0.42$，$p<0.001$，95% 置信区间为 [0.27, 0.57]，根据叶宝娟和温忠麟（2013）提出的检验方法可知，该有中介的调节作用显著。内隐权威合法性×群体愤怒（交互项）的回归系数为显著，$B=-1.15$，$p<0.05$，95% 置信区间为 [-2.21, -0.08]；群体相对剥夺操纵虚拟化后系数为显著，$B=0.66$，$p<0.05$，95% 置信区间为 [0.15, 1.18]，说明内隐权威合法性的调节效应存在部分中介。

表 6-5 中的数据完整地呈现了有中介的调节模型的检验结果，本研究在证明了前一个假设之后，又证明了内隐权威合法性的调节效应通过群体愤怒部分中介，即调节变量在该中介过程中的前半部分起到了调节作用。根据温忠麟（2012）对间接调节效应的计算方法，在群体相对剥夺对集体行动意愿的影响过程中，内隐权威合法性的调节效应为 $c_3+a_3\times b_1=-2.01$，其中间接调节效应为 $a_3\times b_1=-0.87$，直接调节效应为 $c_3=-1.15$，间接调节效应占了43.28%。该有中介的调节模型更为简洁的表达如图 6-5 所示。

表 6-5 有中介的调节模型的检验结果（校标：集体行动意愿）（$N=184$）

项目	方程 1（校标：集体行动意愿）		方程 2（校标：群体愤怒）		方程 3（校标：集体行动意愿）	
	B	t	B	t	B	t
群体相对剥夺（X）	1.16	4.33***	1.17	4.75***	0.66	2.54*
内隐权威合法性（U）	-0.27	-0.39	0.83	2.27*	-0.08	-0.21
$X\times U$	-2.01	-3.58***	-2.04	-3.95**	-1.15	-2.12*
群体愤怒（W）					0.42	5.62***

注：* 表示 $p<0.05$；** 表示 $p<0.01$；*** 表示 $p<0.001$。

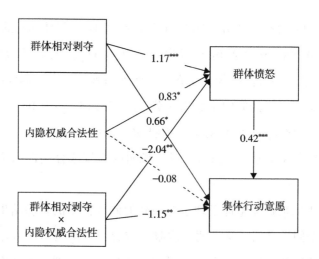

图 6-5　群体相对剥夺对集体行动的作用：有中介的调节模型

注：* 表示 $p < 0.05$；** 表示 $p < 0.01$；*** 表示 $p < 0.001$。

6.2.4　讨论

通过 SC-IAT 测量地方政府的内隐权威合法性，同时采用子研究 4 中使用的情境材料来操纵群体相对剥夺的范式，笔者考察了内隐权威合法性在群体相对剥夺与线上集体行动意愿之间关系中的调节作用。这是笔者对集体行动进行内隐社会认知研究的尝试后，首次将内隐社会认知研究扩展至当前研究者关心的线上（网络）集体行动中来。已有研究者认为，迫切需要在社会运动、集体行动的研究中关注双重加工理论，采用内隐测量等方法进一步开展对集体抗议的研究（Van Stekelenburg and Klandermans，2010）。同时在当前的 Web2.0 时代，国内外研究者都对线上集体行动保持了高度关注（Thomas，et al.，2015），所以，本研究在此方面对现有线上集体行动研究做出了一点推进。

本研究不仅验证了内隐权威合法性的调节作用，并在子研究 4 的基础上，进一步验证了线上集体行动双路径模型中的愤怒路径可以中介内隐权威合法性的调节效应，这也是继子研究 3 之后，再次证实了笔者对内隐权威合法性作用的推断，即进行有意加工的动机强度确实能够影响内隐权威合法性在集体行动心理机制中的作用。本研究的发现证实了文献分析后的推论，即线上集体行动因为直接利益和行动代价较低，人们进行有意加工的动机不强，内隐权威合法性能够通过愤怒路径对其起到调节作用。但需要注意的是，本研究的结果与子研究 3 的结果并不相同，这可能依然是由于群体相对剥夺高低引发了被试不同程度的有意加工，因为群体相对剥夺较高时会有更强的有意加工动机，但这并不能解释全部的结果，对此特殊发现，本书将在第 7 章的综合讨论中继续展开讨论。本研究在子研究 3 的基础上，进一步对 Van Zome-ren（2012）提出的动态双路径模型理论提出了挑战，即在决定是否参与集体行动的整个过程中，个体并非完全保持"理性"加工。

结合子研究 4 和子研究 5，笔者初步证实了线上集体行动中权威合法性的调节作用，在笔者认为需要进行较少有意加工的此类集体行动中，内隐权威合法性能通过愤怒路径起到调节作用，再次证实了两者作为权威合法性的内隐和外显成分相对分离的特点，进一步推进了对权威合法性的作用及其与集体行动心理机制间关系的研究。这同时也将本研究中关注的权威合法性对保持社会结构稳定的作用从学校领域延伸到社会领域，并再次验证了第 4 章的研究得出的在内隐层面，人们愿意服从地方政府的结论，进一步证实了内隐权威合法性的存在。

6.2.5 小结

通过本研究，笔者验证了之前提出的所有假设，得出了如下结论：

1）高群体相对剥夺条件下的被试会比低群体相对剥夺条件下的被试更愿意参与线上集体行动。

2）内隐权威合法性能够调节群体相对剥夺与线上集体行动之间的关系。

3）群体愤怒可中介内隐权威合法性对群体相对剥夺与线上集体行动意愿之间关系的调节作用。当内隐权威合法性高时，群体遭受相对剥夺水平的高低，不会影响被试感知到的群体愤怒和集体行动意愿；当内隐权威合法性低时，接受高群体相对剥夺处理的个体会更加愤怒，进而有更强烈的参加集体行动的意愿。

综合讨论与研究结论

7.1 外显与内隐权威合法性

权威合法性，能让个体觉得有义务服从权威，因此其有助于大多数社会保持稳定，成为每个社会管理者梦寐以求的重要资源。当前，世界百年未有之大变局加速演进，世界疫情影响深远，逆全球化思想抬头，世界经济复苏乏力，局部冲突和动荡频发，全球性问题加剧，世界进入新的变革动荡期。无论是我国还是其他国家，都面临着完善社会治理体系、防控和化解各类矛盾风险，确保矛盾风险不外溢扩散，不升级、不变异的局面。所以权威合法性在 21 世纪重新回到了研究者的视野之中，成为政治心理学和组织心理学研究的新热点（Tyler，2006）。不过，与以往不同的是，该领域的研究从小群体转入了社会层面，在这种情况下，验证和扩展权威合法性的定义与内涵就成为研究者必须经历的一个过程（Tyler and Jackson，2014）。该研究者还进一步验证了权威合法性受到社会公正等因素的影响，并通过群体卷入模型提出了新的考察权威合法性的测量方式——一种基于社会认同的测量方法。其认为该测量方式对权威合法性的下一步研究有着重要作用，如民众主动参与和权威的互动、主动支持权威等。同时，也有许多研究者关注权威合法性（权威信任）对合作或从众行为的影响（张书维、许志国、徐岩，2014；Hays and Goldstein，2015），关注权威合法性带来的结果变量，这是对以往权威合法性研究关注维护不稳定的局面、消除权威与成员间摩擦的研究传统的一种推进，即关注权威合法性给管理者带来的积极的一面，而不是被动地起缓冲作用。

但是，权威合法性的研究依然未能跳出以往研究为自身设置的藩篱。虽然在其中加入了社会认同理论，形成了群体卷入模型，更在其基础上形成了对规范的认同作为新的测量方式，但其实质依然是早年提出的关系模型（Tyler and Blader，2003）。研究者并未将社会认同理论的发展加入其中，如不确定认同理论中的机制是否也对权威合法性有所影响，从而立足全新的层面，扩展权威合法性的获得和维持方式。当然，本研究重点关注的不是进一步发掘和细化获得与维持权威合法性的方式，而是针对现有研究缺乏的对另一方面理论的关注，即忽略了内隐社会认知理论。当前的内隐社会认知理论和实证研究，经过从20世纪末到21世纪前20几年的发展，已经成为目前心理学探究的热门前沿领域之一（Gawronski and Payne，2011）。个体的社会认知过程几乎都是既有自发性加工，也有有意加工。许多研究者开始关注其对以往被认为需要进行有意加工的社会态度和行为产生的影响，包括选举等各种政治活动，而以往政治行为通常被认为是需要复杂的有意加工的产物，较少对其进行内隐社会认知的研究。一些研究者总结了许多在政治行为的心理学研究中不适用内隐社会认知研究的理由，但也发现了使用内隐社会认知能够很好解决的研究问题，并建议其他研究者尝试用内隐社会认知进行政治行为的相关研究（Gawronski，et al.，2015）。而权威合法性正是一种政治态度，或者说它可以在很多时候影响政治行为。研究者应该考虑将内隐社会认知研究加入其研究方案之中。毕竟，自陈式量表存在一些固有的缺陷。

本书正是以此为出发点，尝试使用内隐联想测验测量内隐权威合法性，寻找存在内隐权威合法性的证据，拓展权威合法性的内涵。通过自编的 SC-IAT 程序对内隐权威合法性进行测量后，笔者发现，该测量有着良好的信度，而其与外显权威合法性的相关性不显著，可以认为外显与内隐权威合法性是分离的。笔者随即在子研究 3 和子研究 5 中使用 SC-IAT 测量内隐权威合法性；通过在子研究 2~子研究 5 中对跨情境下集体行动中权威合法性调节作用的考察，证实了外显与内隐权威合法性会在不同的情况下发挥各自的调节作用。本书还探讨了外显与内隐权威合法性之间的关系，结果显示，被试对中央政府外显权威合法性的评价要比对地方政府的高；而在内隐层面，被试均倾向于服从中央政府和地方政府。这样的结果并不令人意外，并且与一些内隐社会态度的研究结论相符（杨燕飞，2013）。这是因为内隐社会认知可以通过人们无法察觉的方式形成，并在一段时间内保持相对稳定（Gawronski and Payne，2011）。尽管个体会对一些负面影响权威合法性的事件感知十分强烈，并降低了政府的外显权威合法性，但内隐权威合法性是长期以来个体受到政府宣传和其直接或间接经历的影响而形成的。这些事件并不能一次性地改变个体的内隐认知，只有随着个体年龄的不断增长，才有机会因为个体与政府的直接或间接接触越来越多，进而影响个体有意加工的外显政府权威合法性，并可能影响由于政府宣传和教育而形成的内隐权威合法性。这些发现也说明了研究外显权威合法性管理策略的必要性和可行性。个体在内隐层面感到应该服从中央政府和地方政府，首先表明目前亟待管理的应该是外显权威合法性，也就是说，妥善处理目前发生的负面事件并减少负面事件的发生，是当前管理权威合法性的重点。其次，中央政府和地方政府均拥有内隐权威合法性，为其提升外显权威合法性提供了可能，即个体在这种长期直接和间接经验形成的内隐认知的基础上，会愿意改变外显层面上对权威合法性的感知，但随着时间的推移，这种改变可能会有难度，需要根据不同个体的特征进一步研究其形成和影响机制。另外，本书的发现提供了一个新颖的视角，将权威合法性的定义拓展至个体通过长期以来的直接和间接经验所形成的内隐认知，揭示了权威合法性外显测量的负面结果与其在真实事件中的积极作用之间的内在统一性。事实上，尽管社会调查显示地方政府的权威合法性较低（马得勇、王正绪，2012），但个体在大部分情境中还是认为地方政府的权威合法性较高，外显测量只反映地方政府权威合法性的短时情境结果，并不能把握民众长期以来对地方政府权威合法性的感知（内隐层面）。权威合法性内隐效应的存在，为我国政府长期以来较高的执政合法性提供了初步的实证证据，并且可以此为基础，消除情境因素对权威合法性的负面影响。总的来说，将内隐社会认知研究引入权威合法性是本书的系列研究对该领域的最大贡献。

　　采用内隐测量考察权威合法性的做法较为罕见。到目前为止，最为相似的研究是 Burns 等（2006）在研究风险管理文化时使用 GNAT 范式考察了内隐主管信任，使用了"信任类别"的属性词。该研究者在 2011 年出版的《信任测量手册》中进行总结时，认为使用与其类似的方法研究内隐信任的文献仍然较少（Burns and Conchie，2012）。权威合法性的测量与信任有重合之处，而且其是一种信念、一种社会认知，已有文献证明 SC-IAT 能更稳定地测量内隐信念。所以本书采用 SC-IAT 对内隐权威合法性进行测量，这种测量方法在子研究 1、子研究 3 和子研究 5 中得到了运用，在测量被试感知到的不同类型权威的内隐权威合法性方面达到了应有的稳定性。这也说明内隐权威合法性的测量有进一步推广的适用性。

　　本书的目的是为社会管理者提供心理学视角下权威合法性的作用规律以及管理策略，所以研究逐渐从典型的学校情境进入社会权威层面，以期提高研究结果在社会层面的解释效度。其中对外显与内隐权威合法性在跨情境的集体行动中的作用做了重点研究，并尝试根据个体的社会阶层来有效地管理权威合法性，得到了一些有意义的结论，能为社会管理者提供心理学实证证据，使其能够科学地、可重复地运用权威合法性并进行有效管理。令人感到遗憾的是，在对一些可能影响权威合法性的变量（如阶层、工作经历等）与外显与内隐权威合法性做相关分析时，其相关性都不显著；在不同媒介的使用中，电视、报纸等传统媒介的使用仅与中央政府的外显权威合法性正向相关，而线上媒介的使用仅与地方政府的内隐权威合法性存在较低程度的正相关。如前文所述，个体的社会认知过程几乎都是既有自动加工又有有意加工，内隐权威合法性更多地具有无意识加工的特点并会较为稳定地存在，网络上的各类负面事件或时事新闻对中央政府和地方政府的内隐权威合法性的作用尚不明确，传统媒介对维护政府这种内在的、稳定的权威合法性感知又缺乏价值。这对政府管理权威合法性而言是不利的，尤其是不同媒介的使用情况与权威合法性的实际作用机制在我国背景下尚不明确。赵鼎新（2012）指出，学者和管理者务必明确西方主流媒体能够对公众的内隐态度产生影响，使其符合主流思潮的原因。有研究指出，欧洲民众对抗议的内隐态度普遍呈负面（Sweetman，2011），与西方新闻媒体总是将抗议活动描述成负面的有关（Gitlin，1980；McLeod and Hertog，1992）。还有研究者发现，美国主流电视频道播放的节目中的无言语动作就足以影响个体的种族偏见（Weisbuch，et al.，2009）。总之，本书企图将权威合法性研究拓展至社会层面，对权威合法性的研究做出了一定贡献，未来可进一步针对如何管理社会权威合法性的不同层面开展研究。

本书对权威合法性研究的贡献还体现在将外显与内隐权威合法性应用于线上、线下集体行动心理机制的研究中，发现两种不同成分的权威合法性在集体行动中的调节作用的生效前提并不相同，并发现在线上集体行动中，内隐权威合法性起到了重要的消解作用。这对解释现实生活中人们关注的"阿拉伯之春"现象有重要的价值，尽管发生"阿拉伯之春"的国家的政府具有一定程度的权威合法性，如 Weber（1968）提到的基于领导个人魅力或官僚机构程序上的合法性，但是却未能在网络集体行动爆发时发挥作用，在很短的时间内就演变为线下的暴乱或"革命"。然而，一些君主立宪制国家却维持了稳定，这可能与这些国家的宗教观念有关系。总的来说，这些研究开拓了权威合法性能够维护社会结构稳定的研究范畴，为以后进一步拓展权威合法性研究的应用范围奠定了基础。下面将进一步对跨情境集体行动的心理机制中外显与内隐权威合法性的调节效应进行具体分析。

7.2 线下集体行动心理机制中的外显与内隐权威合法性

人们对线下集体行动的研究已经进行了一个多世纪，在这段时间中，人们针对集体行动的心理机制提出了多种理论假设，其中相对剥夺理论、资源动员理论和群体认同理论成为较好的理论解释框架，从而诞生了现在较为经典的集体行动的双路径模型（Van Zomeren，Postmes，and Spears，2012；Van Zomeren，2004；Van Zomeren，Spears，and Leach，2008）。该模型是基于相对剥夺能够正向预测集体行动的发生这一基本关系，面临相对剥夺的人会有相对剥夺感，继而影响其参与集体行动的意愿，而权威合法性可以减少由客观不公正给人们带来的不公正感。尽管权威合法性的测量是一种个体的测量，与群体愤怒和群体效能一样，但权威合法性更应是一种群体过程，而不应仅作为一种个体变量发挥作用（Walker and Zelditch，1993）。所以，笔者根据相对剥夺理论、双重加工理论和权威合法性的研究提出了假设，并在子研究 2 和子研究 3 中验证了外显权威合法性和内隐权威合法性均可以调节群体相对剥夺对集体行动的作用，而且该调节效应通过双路径模型中的愤怒路径来中介。

子研究 3 和子研究 4 验证的假设说明，外显和内隐权威合法性对集体行动的消解作用主要体现在低群体相对剥夺时，也就是说，只有在社会结构中的群体相对剥夺不高时，权威合法性才能起到消解作用，这符合笔者根据动态双路径模型提出的假设。如果群体相对剥夺很强，则外显和内隐权威合法性对群体相对剥夺与集体行动之间关系的作用不显著，这与已有研究关于群体歧视合理性的结论较为一致（Jetten，et al.，2011）。这证实了以往研究者在关注权威合法性时未经研究证实的一个理论观点，即权威合法性的作用并非无限制的，在社会环境中的相对剥夺比较轻微的时候，该变量的效果最好。也就是说，社会管理者需要尽量保证社会大体公正、贫富差距较小，否则即使具有较高的权威合法性，也不能阻止民众的集体行动。当然，社会管理者不能忽视权威合法性的获得和维持，如果缺乏权威合法性，民众甚至会在相对公正的情况下就某一不公正事件进行反抗，甚至酿成社会运动。这些发现也回应了早期研究者发现在美国，权威合法性可以预测集体行动的结论，因为美国在 20 世纪 70 年代达到经济发展的最高峰，整体上处于贫富差距较小的时期，所以出现了权威合法性与集体行动意愿呈显著负相关的结论（Worchel，et al.，1974）。还要注意的是，内隐权威合法性可能是外显权威合法性较低的管理者拥有的最后一根救命稻草，在现实情境下，政府官员往往觉得辖区内的相对剥夺较低，群体事件率也并不是很高，却对"突发"群体性事件措手不及，还往往对其冠以"泄愤式群体事件"的错误称呼。本书认为，这是由于上述管理者可能并没有意识到，目前民众认为政府的内隐权威合法性还很高，所以不会发生集体行动。可能的情况是，个体一旦受到他人动员，就会更多地进行有意加工，从而导致集体行动爆发。这都是以往未能通过实证研究提炼科学规律，导致管理者只能出于主观感受和他人经验来开展公共管理事务的后果，如果能及时发现科学规律，将动员的可能消除，一场集体行动就可以消弭于无形。

笔者在提出假设时就强调了两个有区别的假设可能成立的原因，即根据双重加工理论，人们参与该活动时进行有意加工的动机的强度可能改变内隐社会态度对人们社会行为的影响（Fazio and Towles-Schwen，1999）。在群体相对剥夺影响动机时，愤怒路径可能在动机较低时受到自发性加工的影响。如果该观点能进一步得到验证，那么，内隐权威合法性就能够在更多类型的集体行动或政治行动中预测人们的行为，如"泄愤式群体事件"等，这些结论也丰富了权威合法性影响人们政治行动的解释。另外，尽管本书不涉及集体行动领域的理性与非理性之争，但是这一研究发现也对动态双路径模型的观点提出了挑战。为了进一步得出更多的支撑结论，了解和扩展权威合法性对维持社会稳定的作用，笔者在子研究 4 和子研究 5 中做了进一步验证，得出的相应结论将在下文中进行探讨。

7.3 线上集体行动心理机制中的外显与内隐权威合法性

在线下集体行动研究的基础上，笔者在子研究 4 和子研究 5 中尝试进一步验证权威合法性在集体行动中的作用，并发现了外显与内隐权威合法性在集体行动中的不同作用。尽管笔者认为即使是网络中的集体行动也需要谨慎的有意加工，但结果发现，外显权威合法性对群体相对剥夺与线上集体行动意愿之间关系的调节作用并不显著，尽管经过分析，数据趋势确实与笔者假设的一样。笔者在子研究 4 后的讨论中认为，这是个体对是否参与线上集体行动的有意加工动机过低所致，只是可能存在两种解释：一种解释是动机水平过低，导致外显测量结果对个体行为的影响完全降低为不显著；另一种解释是群体相对剥夺对线上集体行动的影响偏低，这符合 Thomas（2015）等认为的线上集体行动更多是由于群体认同而发生的观点，这种解释正确的可能性更大。无论哪一种解释，都符合双重加工模型对有意加工和自发性加工如何产生的观点，从另一个侧面证实了不同场域的集体行动会使外显权威合法性的有效性发生改变。

子研究 5 发现，内隐权威合法性依然能通过愤怒路径调节群体相对剥夺与线上集体行动意愿之间的关系，间接验证了这个推断——个体对是否参与线上集体行动的有意加工动机过低，也验证了内隐权威合法性能够调节群体相对剥夺对线上集体行动意愿的影响，符合笔者的假设。但笔者通过简单效应分析发现，该有中介的调节作用与线下集体行动中的作用有所区别，这是一个较有意思的发现。可能的原因正是个体对是否参与线上集体行动的有意加工动机较低，但群体相对剥夺程度的高低引发了被试不同程度的有意加工动机：如果群体相对剥夺较高，那么人们会有比群体相对剥夺较低时更强的有意加工动机，这类似于线下集体行动中群体相对剥夺较低时的情况，所以内隐权威合法性起到的作用与子研究 3 中低群体相对剥夺时一致，显著降低了个体的不公平感及其感知到的愤怒，继而减弱了其参与集体行动的意愿；而在群体相对剥夺较低时，个体更加缺乏有意加工的动机，从而会进行更多的自发性加工，实际结果与假设不符，可能的解释是个体在此时可能对自身的内隐社会认知有所察觉，从而完全表现出与内隐态度相反的影响（Fazio and Towles-Schwen，1999；Wegener and Petty，1995）。Sweetman（2011）在研究中发现，被试会在低政治行动卷入时呈现内隐态度对行为的反向影响，该研究者认为其原因是个体察觉到了自己对集体行动的内隐态度是负面的，而其外显态度是正面的，所以克服了内隐态度的影响而更多地参与集体行动。之前的研究也认为，人们对集体行动与抗议活动的外显态度是由其意识形态中的成分所决定的，而这种态度却不能很好地与集体行动相关（Oliver and

Johnston，2000），此时也可能有内隐态度的反向影响混淆在其中而影响了结论。但不得不承认，对于这种现象，研究者还需要进一步进行探讨和发掘。

正如文献综述所述，线上集体行动还有一些独有的特点，如参与者往往在与自身利益无关时也会积极参加线上集体行动（Thomas，et al.，2015），McGarty 等（2014）调查了北非的"阿拉伯之春"事件，发现新的观点群体对社会运动具有重要作用。因研究问题所限，本书采用的研究设计还未全面涉及以上内容。但本书确实发现外显权威合法性在线上集体行动中的作用不显著，其原因可能是笔者分析动机的问题，也可能是权威合法性对这种类型的线上集体行动的作用被某些其他变量所掩盖，甚至可能需要改进相应的测量方式。当线上集体行动针对的是层级社会结构中的权威时，外显权威合法性是否具有相应的作用，这仍然是一个值得探索的方向。

这部分的研究结果意味着社会管理者在对待网络集体行动方面，应注意鉴别，明确究竟是因为内隐合法性较低而使集体行动更容易发生，还是情况完全相反。当民众的群体相对剥夺感较高时，社会管理者应该尝试管理内隐权威合法性，尽管笔者发现新闻媒介与内隐权威合法性之间的相关性较弱，但未来的研究也许能够从中发掘影响内隐权威合法性的途径。而当民众感知到较低的群体相对剥夺时，其参与集体行动就不是一个较大的问题，反而应该借助该机会正确应对，提升权威合法性，如保持程序公正中的互动公正和信息公正等，而不应因反应过激而导致负面的结果。

总的来说，子研究 2~子研究 5 使用不同样本和不同类型的集体行动来研究外显与内隐权威合法性的调节作用，得到了较为可靠的结论，即可以认为权威合法性对集体行动的消解作用是成立的，但具体情况有所不同。内隐权威合法性的作用十分独特，无论是在线下还是线上集体行动中都起到了调节作用，且这种调节作用呈现不同的模式，这是以前的研究未发现的，也为本书开展内隐权威合法性研究提供了实证支持，回应了笔者研究初期的关切，即内隐权威合法性在解释社会层面的个体及群体行为方面都有着独特的作用。不同于以往对集体行动的研究，本书回应了集体行动的研究渴望内隐社会认知方法的需求，以往针对集体行动开展的内隐社会认知研究还不多，针对线上集体行动进行的内隐社会认知研究也甚为鲜见，所以本书为如何开展集体行动的内隐社会认知研究，特别是如何开展集体行动的内隐社会认知研究提供了一些思路。

7.4 小结

本书的总体研究思路如图 7-1 所示。

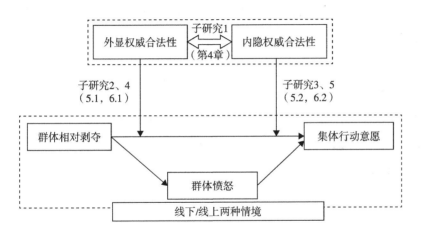

图 7-1 本书的总体研究思路

本书聚焦于心理学中的权威合法性，第 4 章即本书的第一个实证研究首先探索了外显权威合法性与内隐权威合法性的关系，拓展了权威合法性的概念结构。本章使用修订后的外显单维量表以及 SC-IAT 方法测量了权威合法性，外显与内隐权威合法性测量的信效度都较为良好，得出了外显与内隐权威合法性相分离的结论，并探讨了几种主要的可能影响因素对权威合法性的作用。

在第 4 章的基础上，第 5 章和第 6 章通过四个情境实验探索了在中国背景下，权威合法性在维护社会稳定中的作用——消解集体行动的心理机制，这两章分别关注传统的线下集体行动和新兴的线上集体行动，结合双重加工理论，探讨了权威合法性在两种不同情境下的集体行动双路径模型中的愤怒路径的调节作用。通过在实验中操纵外显权威合法性或内隐权威合法性，得出了相应结论。结果发现，外显与内隐权威合法性在不同情况下具有类似的调节作用：在线下集体行动中，外显权威合法性与内隐权威合法性可以调节群体相对剥夺对集体行动意愿的作用，而且该调节效应通过双路径模型中的愤怒路径来中介；在线上集体行动中，内隐权威合法性可以调节群体相对剥夺对集体行动意愿的作用，而且该调节效应通过双路径模型中的愤怒路径来中介，但外显权威合法性不能调节群体相对剥夺对集体行动意愿的作用。研究结论再次验证了权威合法性存在外显与内隐两个方面，两者在集体行动中的作用机制在不同情境下有所不同。

综上，本书从心理学角度研究社会层面的权威合法性，所有研究建立在权威合法性概念扩展的基础上；然后验证权威合法性在跨情境集体行动心理机制中的作用，不仅证实了权威合法性在中国背景下的有效性，也扩展了权威合法性的研究范畴，使研究者和社会管理者能在此基础上探索权威合法性的管理策略。

7.4.1 理论意义

尝试从内隐社会认知的角度扩展权威合法性的概念及相关研究，是本书对现有权威合法性研究的最大理论价值。对于国内外权威合法性研究来说，这是在该概念被提出后，首次尝试从内隐社会认知的角度来扩展该领域的研究内涵，发展其内在结构，较大地提升了权威合法性对个体及群体社会行为和政治行为的解释能力，对于扩展权威合法性的研究内容和研究方法有重要理论意义。

本书运用双重加工理论，探讨外显与内隐权威合法性对线上以及线上集体行动双路径模型的调节作用，尝试将两种不同形式的理论和模型进行联结，推动了集体行动的理论演化。本书借鉴了以往集体行动和社会运动研究较少使用的双重加工理论，首次探讨了外显与内隐权威合法性在集体行动双路径模型中的愤怒路径上的调节作用。同时，本书的发现可以丰富内隐社会认知在社会行为，尤其是传统上认为是高度有意加工的政治行为中的解释，提升其在社会行为研究中的理论和应用价值。

致力于回答"相对分离的外显与内隐权威合法性在集体行动中的作用机制"这一问题，将权威合法性研究向社会层面扩展，这是本书的理论意义。

7.4.2 实践意义

社会稳定是更好地实现中华民族伟大复兴中国梦的基石，是主动适应和积极引领经济新常态，跨越所谓"中等收入国家陷阱"的重要保障。本书聚焦于维护国家稳定的法宝——权威合法性，首次从心理学角度为地方政府长期以来的权威合法性提供了初步的实证证据，并在中国背景下验证了权威合法性在政府和民众之间的缓冲剂作用，证明了西方国家所采用的权威合法性对我国同样适用，而且指出在本书中新拓展的内隐权威合法性和传统意义上的外显权威合法性在不同情境下的集体行动中存在独特的调节作用。了解这种权威合法性消解集体行动的作用机制，尤其是外显与内隐权威合法性在不同路径、不同情境下的作用，能够有效地减少集体行动的发生，也有助于科学地分析集体行动的动因，从而进行科学应对，管理不同层面的权威合法性。

本书尝试从心理学研究视角对宏观的社会治理问题进行探讨，提出科学的、可重复的作用规律，以便社会管理者制定科学的管理策略，维护社会的稳定，这是本书的实践意义。

7.4.3 主要创新点和贡献

本书的创新点和贡献主要体现在以下几个方面：

1）在权威合法性的研究中，结合内隐社会认知理论，首次考察了内隐权威合法性，拓展了权威合法性的概念。通过单类内隐联想测验对内隐权威合法性进行测量，并且通过研究外显与内隐权威合法性在集体行动中的作用机制，得到了比较可靠的外显与内隐成分相对分离的结论。研究结果显示，权

威合法性的外显与内隐成分都能够起到消解集体行动的作用，只是两者的作用机制和条件并不完全相同。这些结论丰富了权威合法性的内涵，也增加了权威合法性可能的作用范围和管理方式。

2）结合双重加工理论，研究了外显与内隐权威合法性在集体行动双路径模型中的调节作用。这是对已有的集体行动动态双路径模型理论的一种推进和挑战，也是对集体行动的"理性"与"非理性"之争可能出现新进展的研究方向的一次尝试。以往有研究者建议将内隐社会认知加入集体行动的研究中，但较少有研究者通过这种方式开展对集体行动的实证研究。

3）以往关于提升我国治理能力、维护社会稳定的研究大多是从社会学和政治学的角度进行解释与解读，本书尝试从心理学研究视角对此类宏观治理问题进行探讨。本书发现，权威合法性存在外显和内隐两种成分，而这两种成分分别在不同的情况下对集体行动中的心理机制起到调节作用。本书首次从心理学角度为地方政府长期以来具有的权威合法性提供了一些初步的实证证据。从心理学的角度研究宏观社会管理中的权威合法性问题，对我国的社会稳定繁荣有着重要意义。

7.4.4 研究中的不足及未来研究方向

1）从社会层面开展权威合法性研究就一定会面临取样问题。尽管本书提升了自身样本容量，提高了样本选取的随机性，注重从不同专业或职业、不同年龄、不同省市的群体中选取样本，也参考了其他研究者选择样本的思路，但由于资源所限，在样本选取上难免存在抽样不完全随机和代表性不足的问题。因此，还需要在后续研究中进一步扩大取样范围，尽可能做到在更大范围内分层随机取样，以使结果更加准确、有效。

2）由于本书的研究问题所限，子研究4和子研究5采用的研究设计未能包含以群体认同等为自变量的线上集体行动。同时，本书发现外显权威合法性在线上集体行动中的作用不显著，笔者根据边缘显著的结果倾向于认为群体认同对线上集体行动的影响更大，但未能给出确切的答案。当线上集体行动以群体认同为自变量且针对的仍是层级社会结构中的权威时，外显权威合法性的作用如何，是未来值得探索的一个问题。

3）子研究 5 发现，内隐权威合法性依然能通过愤怒路径调节群体相对剥夺与线上集体行动意愿之间的关系，但笔者通过简单效应分析发现，该有中介的调节作用与其在线下集体行动中的作用有所区别。可能的原因是个体对是否参与线上集体行动的有意加工动机较弱，但群体相对剥夺高的被试具有更强的有意加工动机，同时也与被试在低群体相对剥夺时体验到自己的内隐态度有关。但必须承认，笔者对这种现象还缺乏深入了解，还有待进行进一步探讨和发掘。

7.5 研究结论

本书的主要结论如下：

1）不同层次的社会权威合法性的 SC-IAT 内隐效应显著，说明内隐权威合法性是存在的。

2）外显与内隐权威合法性是相互分离的。

3）高群体相对剥夺条件下的被试会比低群体相对剥夺条件下的被试更愿意参与线下和线上集体行动。

4）外显与内隐权威合法性能够调节群体相对剥夺与线下集体行动意愿之间的关系。群体愤怒可中介外显与内隐权威合法性对群体相对剥夺与线下集体行动意愿之间关系的调节作用。

5）内隐权威合法性能够调节群体相对剥夺与线上集体行动意愿之间的关系。群体愤怒可中介内隐权威合法性对群体相对剥夺与线上集体行动意愿之间关系的调节作用。

参考文献

[1] 艾传国. 单类内隐联想测验（SC-IAT）：特点、应用和发展 [D]. 武汉：华中师范大学，2013.

[2] 艾传国，佐斌. 单类内隐联想测验（SC-IAT）在群体认同中的初步应用 [J]. 中国临床心理学杂志，2011，19（4）：476-478.

[3] 蔡华俭. 内隐自尊效应及内隐自尊与外显自尊的关系 [J]. 心理学报，2003 (6)：796-801.

[4] 崔淼，林崇德，徐伦，等. 家庭社会阶层对大学生择业依赖倾向的影响：当前经济信心的中介作用 [J]. 心理科学，2011，34（3）：652-656.

[5] 冯宁宁，杭婧婧，崔丽娟. 微博时代：参与集体行动对群体情绪和行动意愿的影响 [J]. 心理研究，2015，8（1）：65-70.

[6] 胡小勇，李静，芦学璋，等. 社会阶层的心理学研究：社会认知视角 [J]. 心理科学，2014，37（6）：1509-1517.

[7] 贾留战，马红宇，郭永玉. 群体性事件的认知与情绪整合模型 [J]. 云南师范大学学报（哲学社会科学版），2012，44（4）：77-83.

[8] 高学德，翟学伟. 政府信任的城乡比较 [J]. 社会学研究，2013（2）：1-27.

[9] 李骏，吴晓刚. 收入不平等与公平分配：对转型时期中国城镇居民公平观的一项实证分析 [J]. 中国社会科学，2012（3）：114-128.

[10] 李小平，杨晟宇，李梦遥. 权威人格与权力感对道德思维方式的影响 [J]. 心理报，2012，44（7）：964-971.

[11] 李艳霞. 何种信任与为何信任？：当代中国公众政治信任现状与来源的实证分析 [J]. 公共管理学报，2014，11（2）：16-26.

[12] 李莹，林功成. 制度信任和政治兴趣对政治参与的影响：以香港为个案 [J]. 新闻与传播研究，2015，22（1）：24-37.

[13] 罗书伟. 大学生人际信任的内隐社会认知特点研究 [D]. 重庆：西南大学，2014.

[14] 马得勇，王正绪. 民主、公正还是绩效？：中国地方政府合法性及其来源分析 [J]. 经济社会体制比较，2012（3）：122-138.

[15] 马磊，刘欣. 中国城市居民的分配公平感研究 [J]. 社会学研究，2010，25（5）：31-49.

[16] 粟华利，钟毅平. 军人内隐与外显服从态度初探 [J]. 长沙铁道学院学报（社会科学版），2010，11（1）：154-156.

[17] 孙丽云，郭瞻予，于健. 国外自我能量消耗实验研究综述 [J]. 现代生物医学进展，2008（1）：146-148.

[18] 孙明. 市场转型与民众的分配公平观 [J]. 社会学研究，2009，24（3）：78-88.

[19] 王春光，李炜. 当代中国社会阶层的主观性建构和客观实在 [J]. 江苏社会科学，2002（4）：95-100.

[20] 王二平. 群体性事件的监测与预警研究 [J]. 领导科学，2012（5）：15-16.

[21] 魏佳琪. 群众对警察的内隐态度、程序公正判断与合作行为关系的实证研究 [D]. 武汉：华中师范大学，2014.

[22] 温忠麟，侯杰泰，马什赫伯特. 结构方程模拟检验：拟合指数与卡方准则 [J]. 心理学报，2004，36（2）：186-194.

[23] 温忠麟，刘红云，侯杰泰. 调节效应和中介效应分析 [M]. 北京：教育科学出版社，2012.

[24] 温忠麟，张雷，侯杰泰. 有中介的调节变量和有调节的中介变量 [J]. 心理学报，2006，38（3）：448-452.

[25] 吴明隆. 结构方程模型：AMOS 的操作与应用 [M]. 重庆：重庆大学出版社，2010.

[26] 习近平. 关于《中共中央关于全面推进依法治国若干重大问题的决定》的说明 [J]. 中国纪检监察，2014（21）：16-22.

[27] 熊美娟. 政治信任测量的比较与分析：以澳门为研究对象 [J]. 公共管理学报，2014，11（1）：10-17.

[28] 薛婷，陈浩，乐国安，等. 社会认同对集体行动的作用：群体情绪与效能路径 [J]. 心理学报，2013，45（8）：899-920.

[29] 杨沈龙，郭永玉，李静. 低社会阶层者是否更相信系统公正 [J]. 心理科学进展，2013，21（12）：2245-2255.

[30] 杨燕飞. 内隐和外显社会满意度与群体性冲突的关系研究 [D]. 南京：南京师范大学，2013.

[31] 杨紫嫣，刘云芝，余震坤，等. 内隐联系测验的应用：国内外研究现状 [J]. 心理科学进展，2015，23（11）：1966-1980.

[32] 叶宝娟，温忠麟. 有中介的调节模型检验方法：甄别和整合 [J]. 心理学报，2013，45（9）：1050-1060.

[33] 俞国良. 社会心理学前沿 [M]. 北京：北京师范大学出版社，2010.

[34] 于建嵘. 当前我国群体性事件的主要类型及其基本特征 [J]. 中国政法大学学报，2009（6）：114-120.

[35] 曾凡斌. 论网络政治参与的九种方式 [J]. 中州学刊，2013（3）：19-22.

[36] 张书维. 群际威胁与集群行为意向：群体性事件的双路径模型 [J]. 心理学报，2013，45（12）：1410-1430.

[37] 张书维，王二平. 群体性事件集群行为的动员与组织机制 [J]. 心理科学进展，2011，19（12）：1730-1740.

[38] 张书维，王二平，周洁. 跨情境下集群行为的动因机制 [J]. 心理学报，2012，44（4）：524-545.

[39] 张书维，许志国，徐岩. 社会公正与政治信任：民众对政府的合作行为机制 [J]. 心理科学进展，2014，22（4）：588-595.

［40］张书维，周洁，王二平. 群体相对剥夺前因及对集群行为的影响：基于汶川地震灾区民众调查的实证研究［J］. 公共管理学报，2009，6（4）：69-77.

［41］赵鼎新. 社会与政治运动讲义［M］. 北京：社会科学文献出版社，2012.

［42］郑睦凡，赵俊华. 权力如何影响道德判断行为：情境卷入的效应［J］. 心理学报，2013，45（11）：1274-1282.

［43］周浩，龙立荣，王燕，等. 分配公正、程序公正、互动公正影响效果的差异［J］. 心理学报，2005，37（5）：687-693.

［44］ABRAMS D, HOGG M A. Social Identifications：A Social Psychology of Intergroup Relations and Group Processes［M］. London：Routledge，2006.

［45］ABRAVANEL M D, BUSCH R J. Political competence, political trust, and the action orientations of university students［J］. The Journal of Politics，1975，37（1）：57-82.

［46］ADAMS J S. Inequity in social exchange［J］. Advances in Experimental Social Psychology，1965，2：267-299.

［47］ADLER N E, EPEL E S, CASTELLAZZO G, et al. Relationship of subjective and objective social status with psychological and physiological functioning：Preliminary data in healthy white women［J］. Health Psychology，2000，19（6）：586-592.

［48］AIKEN L S, WEST S G. Multiple Regression：Testing and Interpreting Interactions［M］. Thousand Oaks：SAGE，1991.

［49］ALBERICI A I, MILESI P. The influence of the internet on the psychosocial predictors of collective action［J］. Journal of Community and Applied Social Psychology，2013，23（5）：373-388.

［50］ALBERICI A I, MILESI P. Online discussion, politicized identity, and collective action［J］. Group Processes and Intergroup Relations，2015，19（1）：43-59.

［51］AMIT E, ALGOM D, TROPE Y. Distance-dependent processing of pictures and words [J]. Journal of Experimental Psychology: General, 2009, 138 (3): 400-415.

[52] BANDURA A. Self-efficacy [M]. New York: Wiley Online Library, 1994.

[53] BAUMEISTER R F, BRATSLAVSKY E, MURAVEN M, et al. Ego depletion: Is the active self a limited resource? [J]. Journal of Personality and Social Psychology, 1988, 74 (5): 1252.

[54] BECKER J C, TAUSCH N, SPEARS R, et al. Committed dis (s) idents: Participation in radical collective action fosters disidentification with the broader in-group but enhances political identification [J]. Personality and Social Psychology Bulletin, 2011, 37 (8): 1104-1116.

[55] BIANCHI E C, BROCKNER J, VAN DEN BOS K, et al. Trust in decision-making authorities dictates the form of the interactive relationship between outcome fairness and procedural fairness [J]. Personality and Social Psychology Bulletin, 2015, 41 (1): 19-34.

[56] BIES R J, MOAG J S. Interactional justice: Communication criteria of fairness [J]. Research on Negotiation in Organizations, 1986 (1): 43-55.

[57] BRANDT M J. Do the disadvantaged legitimize the social system? : A large-scale test of the status-legitimacy hypothesis [J]. Journal of Personality and Social Psychology, 2013, 104 (5): 765-785.

[58] BRAVER T S, KRUG M K, CHIEW K S, et al. Mechanisms of motivation-cognition interaction: Challenges and opportunities [J]. Cognitive Affective and Behavioral Neuroscience, 2014, 14 (2): 443-472.

[59] BROSNAN S F, DE WAAL F B. Monkeys reject unequal pay [J]. Nature, 2003, 425 (6955): 297-299.

[60] BURLEIGH T J, MEEGAN D V. Keeping up with the Joneses affects perceptions of distributive justice [J]. Social Justice Research, 2013, 26 (2): 120-131.

[61] BURNS C, CONCHIE M S. Measuring implicit trust and automatic attitude activation [M] //LYON F, MŠLLERING G, SAUNDERS M N. Handbook of Re-

search Methods on Trust. Cheltenhan: Edward Elgar Publishing, 2012.

[62] BURNS C, MEARNS K, MCGEORGE P. Explicit and implicit trust within safety culture [J]. Risk Analysis, 2006, 26 (5): 1139-1150.

[63] CÔTÉ S. How social class shapes thoughts and actions in organizations [J]. Research in Organizational Behavior, 2011, 31, 43-71.

[64] CANTRIL H. Pattern of Human Concerns [M]. New Jersey: Rutgers University Press, 1965.

[65] CHAIKEN S, TROPE Y. Dual-Process Theories in Social Psychology [M]. New York: Guilford Press, 1999.

[66] CITRIN J. Political alienation as a social indicator: Attitudes and action [J]. Social Indicators Research, 1977, 4 (1): 381-419.

[67] COHEN J. Statistical Power Analysis for the Behavioral Sciences [M]. New York: Academic Press, 1977.

[68] COLQUITT J A, CONLON D E, WESSON M J, et al. Justice at the millennium: A meta-analytic review of 25 years of organizational justice research [J]. Journal of Applied Psychology, 2001, 86 (3): 425-436.

[69] CONROY M, FEEZELL J T, GUERRERO M. Facebook and political engagement: A study of online political group membership and offline political engagement [J]. Computers in Human Behavior, 2012, 28 (5): 1535-1546.

[70] CROSBY F. A model of egoistical relative deprivation [J]. Psychological Review, 1976, 83 (2): 85-97.

[71] CROSBY F J, PUFALL A, SNYDER R C, et al. The Denial of Personal Disadvantage Among You, Me, and All the Other Ostriches [M]. New York: Springer, 1989.

[72] DE CREMER D, BREBELS L, SEDIKIDES C. Being uncertain about what? Procedural fairness effects as a function of general uncertainty and belongingness uncertainty [J]. Journal of Experimental Social Psychology, 2008, 44 (6): 1520-1525.

[73] DE CREMER D, BROCKNER J, FISHMAN A, et al. When do procedural fairness and outcome fairness interact to influence employees' work attitudes and behaviors? The moderating effect of uncertainty [J]. Journal of Applied Psychology, 2010, 95 (2): 291-304.

[74] DEVINE P G, PLANT E A, AMODIO D M, et al. The regulation of explicit and implicit race bias: The role of motivations to respond without prejudice [J]. Journal of Personality and Social Psychology, 2002, 82 (5): 835-867.

[75] DIPBOYE R L, DE PONTBRIAND R. Correlates of employee reactions to performance appraisals and appraisal systems [J]. Journal of Applied Psychology, 1981, 66 (2): 248-251.

[76] DOVIDIO J F, KAWAKAMI K, JOHNSON C, et al. On the nature of prejudice: Automatic and controlled processes [J]. Journal of Experimental Social Psychology, 1997, 33 (5): 510-540.

[77] ELLEMERS N, SPEARS R, DOOSJE B. Self and social identity [J]. Annual Review of Psychology, 2002, 53 (1): 161-186.

[78] EMERSON R M. Power-dependence relations [J]. American Sociological Review, 1962, 27 (1): 31-41.

[79] EVANS J S B, FRANKISH K E. In Two Minds: Dual Processes and Beyond [M]. Oxford: Oxford University Press, 2009.

[80] FAZIO R H, JACKSON J R, DUNTON B C, et al. Variability in automatic activation as an unobtrusive measure of racial attitudes: A bona fide pipeline [J]. Journal of Personality and Social Psychology, 1996, 69 (6): 1013-1027.

[81] FAZIO R H, TOWLES-SCHWEN T. The MODE Model of Attitude-behavior Processes [M] //CHAIKEN S, TROPE Y. Dual Process Theories in Social Psychology . New York: Guilford Press, 1999.

[82] FLORACK A, INEICHEN S, BIERI R. The impact of regulatory focus on the effects of two-sided advertising [J]. Social Cognition, 2009, 27 (1): 37-49.

[83] FOLGER R. Reformulating the preconditions of resentment: A referent cognitions

model ［M］ //MASTERS J C, SMITH W P. Social Comparison, Justice, and Relative Deprivation: Theoretical, Empirical, and Policy Perspective . Hillsdale: Lawrence Erlbaum Associates, 1987.

［84］ FORD R, JOHNSON C. The perception of power: Dependence and legitimacy in conflict ［J］. Social Psychology Quarterly, 1998, 61 (2): 16-32.

［85］ FRENCH J R, RAVEN B, CARTWRIGHT D. The bases of social power ［J］. Classics of Organization Theory, 1959 (4): 311-320.

［86］ FRIESE M, HOFMANN W, WÄNKE M. When impulses take over: Moderated predictive validity of explicit and implicit attitude measures in predicting food choice and consumption behaviour ［J］. British Journal of Social Psychology, 2008, 47 (3): 397-419.

［87］ FRIJDA N H. The Emotions: Studies in Emotion and Social Interaction ［M］. Cambridge: Cambridge University Press, 1987.

［88］ GALDI S, ARCURI L, GAWRONSKI B. Automatic mental associations predict future choices of undecided decision-makers ［J］. Science, 2008, 321 (5892): 1100-1102.

［89］ GAMSON W A. The social psychology of collective action ［M］ //MORRIS A D, MULLER C M. Frontiers in Social Movement Theory. New Haven: Yale University Press, 1992.

［90］ GAWRONSKI B, CREIGHTON L A. Dual-process theories ［M］ //CARLSTON D E. The Oxford Handbook of Social Cognition. New York: Oxford University Press, 2013.

［91］ GAWRONSKI B, GALDI S, ARCURI L. What can political psychology learn from implicit measures?: Empirical evidence and new directions ［J］. Political Psychology, 2015, 36 (1): 1-17.

［92］ GAWRONSKI B, GESCHKE D, BANSE R. Implicit bias in impression formation: Associations influence the construal of individuating information ［J］. European Journal of Social Psychology, 2003, 33 (5): 573-589.

[93] GAWRONSKI B, HOFMANN W, WILBUR C J. Are "implicit" attitudes unconscious [J]. Conscious Cogn, 2006, 15 (3): 485-499.

[94] GAWRONSKI B, PAYNE B K. Handbook of Implicit Social Cognition: Measurement, Theory, and Applications [M]. Guilford: Guilford Press, 2011.

[95] GIBSON J L. Overcoming apartheid: Can truth reconcile a divided nation [J]. Politikon, 2004, 31 (2), 129-155.

[96] GITLIN T. The Whole World is Watching: Mass Media in the Making and Unmaking of the New Left [M]. Berkeley: University of California Press, 1980.

[97] GRANT P R. The protest intentions of skilled immigrants with credentialing problems: A test of a model integrating relative deprivation theory with social identity theory [J]. British Journal of Social Psychology, 2008, 47 (4): 687-705.

[98] GREENBERG J, COLQUITT J A. Handbook of Organizational Justice [M]. New York: Lawrence Erlbaum Associates, 2013.

[99] GREENWALD A G, BANAJI M R. Implicit social cognition: Attitudes, self-esteem, and stereotypes [J]. Psychological Review, 1995, 102 (1): 4-21.

[100] GREENWALD A G, MCGHEE D E, SCHWARTZ J L. Measuring individual differences in implicit cognition: The implicit association test [J]. Journal of Personality and Social Psychology, 1998, 74 (6): 1464.

[101] GREENWALD A G, NOSEK B A, BANAJI M R. Understanding and using the implicit association test: I. An improved scoring algorithm [J]. Journal of Personality and Social Psychology, 2003, 85 (2): 197-216.

[102] GROSSMANN I, VARNUM M E W. Social Class, culture, and cognition [J]. Social Psychological and Personality, 2010, 2 (1): 81-89.

[103] GUIMOND S, DAMBRUN M. When prosperity breeds intergroup hostility: The effects of relative deprivation and relative gratification on prejudice [J]. Personality and Social Psychology Bulletin, 2002, 28 (7): 900-912.

[104] GUIMOND S, DUBÉ-SIMARD L. Relative deprivation theory and the Quebec nationalist movement: The cognition-emotion distinction and the personal-group

deprivation issue [J]. Journal of Personality and Social Psychology, 1983, 44 (3): 526-543.

[105] GUINOTE A, VESCIO T K. The Social Psychology of Power [M]. New York: Guilford Press: 2010.

[106] GURR T R. Why Men Rebel [M]. Princeton: Princeton University Press, 1971.

[107] HARLOW S. Social media and social movements: Facebook and an online Guatemalan justice movement that moved offline [J]. New Media and Society, 2012, 14 (2): 225-243.

[108] HAYES A F. Introduction to Mediation, Moderation, and Conditional Process Analysis: A Regression-Based Approach [M]. New York: Guilford Publications, 2013.

[109] HAYS N A, GOLDSTEIN N J. Power and legitimacy influence conformity [J]. Journal of Experimental Social Psychology, 2015, 60: 17-26.

[110] HEGTVEDT K A, CLAY-WARNER J, JOHNSON C. The social context of responses to injustice: Considering the indirect and direct effects of group-level factors [J]. Social Justice Research, 2003, 16 (4): 343-366.

[111] HOFFMANN E A. Dispute resolution in a worker cooperative: Formal procedures and procedural justice [J]. Law and Society Review, 2005, 39 (1): 51-82.

[112] HOFMANN W, FRIESE M, ROEFS A. Three ways to resist temptation: The independent contributions of executive attention, inhibitory control, and affect regulation to the impulse control of eating behavior [J]. Journal of Experimental Social Psychology, 2009, 45 (2): 431-435.

[113] HOFMANN W, GAWRONSKI B, GSCHWENDNER T, et al. A meta-analysis on the correlation between the implicit association test and explicit self-report measures [J]. Personality and Social Psychology Bulletin, 2005, 31 (10): 1369-1385.

[114] HOFMANN W, GSCHWENDNER T, FRIESE M, et al. Working memory ca-

pacity and self-regulatory behavior: Toward an individual differences perspective on behavior determination by automatic versus controlled processes [J]. Journal of Personality and Social Psychology, 2008, 95 (4): 962-981.

[115] HOMANS G C. Social behavior: Its Elementary Forms [M]. New York: Harcourt, Brace and World Inc., 1961.

[116] HU X Q, ANTONY J W, CREERY J D, et al. Unlearning implicit social biases during sleep [J]. Science, 2015, 348 (6238): 1013-1015.

[117] HUGENBERG K, BODENHAUSEN G V. Facing prejudice implicit prejudice and the perception of facial threat [J]. Psychological Science, 2003, 14 (6): 640-643.

[118] HURD I. Legitimacy and authority in international politics [J]. International Organization, 1999, 53 (2): 379-408.

[119] JACKSON J S. Alienation and black political participation [J]. The Journal of Politics, 1973, 35 (4): 849-885.

[120] JETTEN J, SCHMITT M T, BRANSCOMBE N R, et al. Group commitment in the face of discrimination: The role of legitimacy appraisals [J]. European Journal of Social Psychology, 2011, 41 (1): 116-126.

[121] JOST J T, BANAJI M R. The role of stereotyping in system-justification and the production of false consciousness [J]. British Journal of Social Psychology, 2011, 33 (1): 1-27.

[122] JOST J T, CHAIKALIS-PETRITSIS V, ABRAMS D, et al. Why men (and women) Do and Don't rebel: Effects of system justification on willingness to protest [J]. Personality and Social Psychology Bulletin, 2012, 38 (2): 197-208.

[123] JOST J T, KAY A C. Social Justice: History, Theory, and Research [M]. Hoboken: John Wiley and Sons Inc., 2010.

[124] JOST J T, NOSEK B A, GOSLING S D. Ideology: Its resurgence in social, personality, and political psychology [J]. Perspectives on Psychological Science, 2008, 3 (2): 126-136.

[125] KAHNEMAN D. Maps of bounded rationality: Psychology for behavioral economics [J]. The American Economic Review, 2003, 93 (5): 1449-1475.

[126] KARPINSKI A, STEINMAN R B. The single category implicit association test as a measure of implicit social cognition [J]. Journal of Personality and Social Psychology, 2006, 91 (1): 16-34.

[127] KELLEY H H, THIBAUT J W. Interpersonal Relations: A Theory of Interdependence [M]. New York: John Wiley and Sons, 1978.

[128] KELMAN H C, HAMILTON V L. Crimes of Obedience [M]. Haven: Yale University Press, 1989.

[129] KING A A, LENOX M J. Industry self-regulation without sanctions: The chemical industry's responsible care program [J]. Academy of Management Journal, 2000, 43 (4): 698-716.

[130] KIVETZ Y, TYLER T R. Tomorrow I'll be me: The effect of time perspective on the activation of idealistic versus pragmatic selves [J]. Organizational Behavior and Human Decision Processes, 2007, 102 (2): 193-211.

[131] KLANDERMANS B. Mobilization and participation: Social psychological expansisons of resource mobilization theory [J]. American Sociological Review, 1984, 49 (5): 583-600.

[132] KLANDERMANS B. The Demand and Supply of Participation: Social-psychological Correlates of Participation in Social Movements [M]. New York: Wiley, 2004.

[133] KLUEGEL J R, MASON D S. Fairness matters: social justice and political legitimacy in post-communist Europe [J]. Europe-Asia Studies, 2004, 56 (6): 813-834.

[134] KOMORITA S S, CHAN D K, PARKS C. The effects of reward structure and reciprocity in social dilemmas [J]. Journal of Experimental Social Psychology, 1993, 29 (3): 252-267.

[135] KRAUS M W, CÔTÉ S, KELTNER D. Social class, contextualism, and em-

pathic accuracy [J]. Psychological Science, 2010, 21 (11): 1716-1723.

[136] KRAUS M W, PIFF P K, KELTNER D. Social class, sense of control, and social explanation [J]. Journal of Personality and Social Psychology, 2009, 97 (6): 992-1121.

[137] KRAUS M W, PIFF P K, KELTNER D. Social class as culture: The convergence of resources and rank in the social realm [J]. Current Directions in Psychological Science, 2011, 20 (4): 246-250.

[138] KRAUS M W, PIFF P K, MENDOZA-DENTON R, et al. Social class, solipsism, and contextualism: How the rich are different from the poor [J]. Psychological Review, 2012, 119 (3): 546-572.

[139] KRUG S. Don't Make Me Think: A Common Sense Approach to Web Usability [M]. Berkeley: New Riders, 2005.

[140] LAMMERS J, STAPEL D A. How power influences moral thinking [J]. Journal of Personality and Social Psychology, 2009, 97 (2): 279-289.

[141] LAZARUS R S. Progress on a cognitive-motivational-relational theory of emotion [J]. American Psychologist, 1991, 46 (8): 819-976.

[142] LE BON G. The Crowd: A Study of the Popular Mind [M]. London: Transaction, 1995.

[143] LEVI M, STOKER L. Political trust and trust worthiness [J]. Annual Review of Political Science, 2000, 3 (1): 475-507.

[144] LEWIN K, GOLD M E. The Complete Social Scientist: A Kurt Lewin reader [M]. New York: American Psychological Association, 1999.

[145] LEWIN K, LIPPITT R, WHITE R K. Patterns of aggressive behavior in experimentally created "social climates" [J]. The Journal of Social Psychology, 1939, 10 (2): 269-299.

[146] LICKEL B, MILLER N, STENSTROM D M, et al. Vicarious retribution: The role of collective blame in intergroup aggression [J]. Personality and Social Psychology Review, 2006, 10 (4): 372-390.

[147] LIND E A, TYLER T R. The Social Psychology of Procedural Justice [M]. New York: Springer Science and Business Media, 1988.

[148] LOTAN G, GRAEFF E, ANANNY M, et al. The Arab Spring|The revolutions were tweeted: Information flows during the 2011 Tunisian and Egyptian revolutions [J]. International Journal of Communication, 2011, 5 (5): 31-55.

[149] MALLETT R K, HUNTSINGER J R, SINCLAIR S, et al. Seeing through their eyes: When majority group members take collective action on behalf of an outgroup [J]. Group Processes and Intergroup Relations, 2008, 11 (4): 451-470.

[150] MAZEROLLE L, ANTROBUS E, BENNETT S, et al. Shaping citizen perceptions of police legitimacy: A randomized field trial of procedural justice [J]. Criminology, 2013, 51 (1), 33-63.

[151] MCCARTHY J D, ZALD M N. Resource mobilization and social movements: A partial theory [J]. American Journal of Sociology, 1977, 82 (6): 1212-1241.

[152] MCGARTY C, BLIUC A M, THOMAS E F, et al. Collective action as the material expression of opinion-based group membership [J]. Journal of Social Issues, 2009, 65 (4): 839-857.

[153] MCGARTY C, THOMAS E F, LALA G, et al. New technologies, new identities, and the growth of mass opposition in the Arab Spring [J]. Political Psychology, 2014, 35 (6): 725-740.

[154] MCLEOD D M, HERTOG J K. The manufacture of public opinion' by reporters: Informal cues for public perceptions of protest groups [J]. Discourse and Society, 1992, 3 (3): 259-275.

[155] MILGRAM S. Obedience to Authority [M]. New York: Harper Colophon, 1975.

[156] MILLER D A, CRONIN T, GARCIA A L, et al. The relative impact of anger and efficacy on collective action is affected by feelings of fear [J]. Group Processes and Intergroup Relations, 2009, 12 (4): 445-462.

[157] MOORS A. Automatic constructive appraisal as a candidate cause of emotion [J]. Emotion Review, 2010, 2 (2): 139-156.

[158] MUELLER C W, LANDSMAN M J. Legitimacy and justice perceptions [J]. Social Psychology Quarterly, 2004, 67 (2): 189-202.

[159] MULLER E N. Aggressive Political Participation [M]. Princeton: Princeton University Press, 1979.

[160] MULLER E N, JUKAM T O. On the meaning of political support [J]. American Political Science Review, 1977, 71 (4): 1561-1595.

[161] MULLER E N, JUKAM T O, SELIGSON M A. Diffuse political support and antisystem political behavior: A comparative analysis [J]. American Journal of Political Science, 1982, 26 (2): 240-264.

[162] MUMMENDEY A, WENZEL M. Social discrimination and tolerance in intergroup relations: Reactions to intergroup difference [J]. Personality and Social Psychology Review, 1999, 3 (2): 158-174.

[163] NISBETT R E, WILSON T D. Telling more than we can know: Verbal reports on mental processes [J]. Psychological Review, 1977, 84 (3): 231-253.

[164] NOSEK B A. Moderators of the relationship between implicit and explicit evaluation [J]. Journal of Experimental Psychology: General, 2005, 134 (4): 565-578.

[165] NOSEK B A. Implicit-explicit relations [J]. Current Directions in Psychological Science, 2007, 16 (2): 65-69.

[166] NOSEK B A, HAWKINS C B, FRAZIER R S. Implicit social cognition: From measures to mechanisms [J]. Trends in Cognitive Sciences, 2011, 15 (4): 152-159.

[167] OLIVER P E, JOHNSTON H. What a good idea! Ideologies and frames in social movement research [J]. Mobilization: An International Quarterly, 2000, 5 (1): 37-54.

[168] OLSON M A, FAZIO R H. Implicit and explicit measures of attitudes: The perspective of the MODE model [M] //PETTY R E, FAZIO R H. Attitude: Insights from the New Implicit Measures. New York: Psychology Press, 2008.

[169] PARK R E, BURGESS E W. Introduction to the Science of Sociology [M]. Chicago: University of Chicago Press, 1921.

[170] PETTIGREW T F, TROPP L R. How does intergroup contact reduce prejudice? Meta-analytic tests of three mediators [J]. European Journal of Social Psychology, 2008, 38 (6): 922-934.

[171] PIERCE R, CONVERSE P E. Attitudinal roots of popular protest: The French upheaval of May 1968 [J]. International Journal of Public Opinion Research, 1989, 1 (3): 221-241.

[172] PIFF P K, KRAUS M W, CÔTÉ S, et al. Having less, giving more: The influence of social class on prosocial behavior [J]. Journal of Personality and Social Psychology, 2010, 99 (5): 771-788.

[173] PRATTO F, SIDANIUS J, STALLWORTH L M, et al. Social dominance orientation: A personality variable predicting social and political attitudes [J]. Journal of Personality and Social Psychology, 1994, 67 (4): 741-765.

[174] RIDGEWAY C L. Nonconformity, competence, and influence in groups: A test of two theories [J]. American Sociological Review, 1981, 46 (3): 333-347.

[175] ROGOWSKI R. Rational Legitimacy: A Theory of Political Support [M]. Princeton: Princeton University Press, 1974.

[176] RUDMAN L A, MCLEAN M C, BUNZL M. When truth is personally inconvenient, attitudes change the impact of extreme weather on implicit support for green politicians and explicit climate-change beliefs [J]. Psychological Science, 2013, 24 (11): 2290-2296.

[177] RUNCIMAN W G. Relative Deprivation and Social Justice: A Study of Attitudes to Social Inequality in Twentieth-century England [M]. Berkeley: University of California Press, 1966.

[178] RUSBULT C E, FARRELL D, ROGERS G, et al. Impact of exchange variables on exit, voice, loyalty, and neglect: An integrative model of responses to declining job satisfaction [J]. Academy of Management Journal, 1988, 31 (3):

599-627.

[179] SCHERER K R, SCHORR A, JOHNSTONE T. Appraisal Processes in Emotion: Theory, Methods, Research [M]. Oxford: Oxford University Press, 2001.

[180] SCHWARZ N, BLESS H, STRACK F, et al. Ease of retrieval as information-another look at the availability heuristic [J]. Journal of Personality and Social Psychology, 1991, 61 (2): 195-202.

[181] SELIGSON M A. The impact of corruption on regime legitimacy: A comparative study of four Latin American countries [J]. Journal of Politics, 2010, 64 (2): 408-433.

[182] SHI J, HAO Z, SAERI A K, et al. The dual-pathway model of collective action: Impacts of types of collective action and social identity [J]. Group Processes and Intergroup Relations, 2015, 18 (1): 45-65.

[183] SMELSER N J. Theory of Collective Behavior [M]. New York: Free Press of Glencoe, 1962.

[184] SMITH C A, ELLSWORTH P C. Patterns of cognitive appraisal in emotion [J]. Journal of Personality and Social Psychology, 1985, 48 (4): 813-838.

[185] SMITH H J, PETTIGREW T F, PIPPIN G M, et al. Relative deprivation: A theoretical and meta-analytic review [J]. Personality and Social Psychology Review, 2012, 16 (3): 203-232.

[186] SMITH L G E, GAVIN J, SHARP E. Social identity formation during the emergence of the occupy movement [J]. European Journal of Social Psychology, 2015, 45 (7): 818-832.

[187] SMITH L G E, THOMAS E F, MCGARTY C. "We must be the change we want to see in the world": Integrating norms and identities through social interaction [J]. Political Psychology, 2014, 36 (5): 543-557.

[188] STÜRMER S, SIMON B. Pathways to collective protest: Calculation, identification, or emotion? A critical analysis of the role of group-based anger in social movement participation [J]. Journal of Social Issues, 2009, 65 (4):

681-705.

[189] STOTT C, HUTCHISON P, DRURY J. "Hooligans" abroad? Inter-group dynamics, social identity and participation in collective "disorder" at the 1998 World Cup Finals [J]. British Journal of Social Psychology, 2011, 40 (Pt 3): 359-384.

[190] STOUFFER S A. An analysis of conflicting social norms [J]. American Sociological Review, 1949, 14 (6): 707-717.

[191] SUCHMAN M C. Managing legitimacy: Strategic and institutional approaches [J]. Academy of Management Review, 1995, 20 (3): 571-610.

[192] SWEETMAN J. Political action and social change: moral emotions, automaticity, and imagination [D]. Cardiff: Cardiff University, 2011.

[193] SWEETMAN J, SPEARS R, LIVINGSTONE A G, et al. Admiration regulates social hierarchy: Antecedents, dispositions, and effects on intergroup behavior [J]. Journal of Experimental Social Psychology, 2013, 49 (3): 534-542.

[194] TAJFEL H. Social psychology of intergroup relations [J]. Annual Review of Psychology, 1982, 33 (1): 1-39.

[195] TAJFEL H. The social identity theory of intergroup behavior [J]. Psychology of Intergroup Relations, 1986, 13 (3): 7-24.

[196] TANKEBE J. Self-help, policing, and procedural justice: Ghanaian vigilantism and the rule of law [J]. Law and Society Review, 2009, 43 (2): 245-270.

[197] TANKEBE J. Viewing things differently: The dimensions of public perceptions of police legitimacy [J]. Criminology, 2013, 51 (1): 103-135.

[198] THIBAUT J W, WALKER L. Procedural Justice: A Psychological Analysis [M]. New York: Halsted Press (A Division of Wiley), 1975.

[199] THOMAS E F, LOUIS W R. When will collective action be effective? Violent and non-violent protests differentially influence perceptions of legitimacy and efficacy among sympathizers [J]. Personality and Social Psychology Bulletin, 2014, 40 (2): 263-276.

[200] THOMAS E F, MCGARTY C, LALA G, et al. Whatever happened to Kony 2012? Understanding a global internet phenomenon as an emergent social identity [J]. European Journal of Social Psychology, 2015, 45 (3): 356-367.

[201] THOMAS E F, MCGARTY C, MAVOR K I. Aligning identities, emotions, and beliefs to create commitment to sustainable social and political action [J]. Personality and Social Psychology Review, 2009, 13 (3): 194-218.

[202] TODOROV A, GOREN A, TROPE Y. Probability as a psychological distance: Construal and preferences [J]. Journal of Experimental Social Psychology, 2007, 43 (3): 473-482.

[203] TOST L P. An integrative model of legitimacy judgments [J]. Academy of Management Review, 2011, 36 (4): 686-710.

[204] TROCHEV A. Less democracy, more courts: A puzzle of judicial review in russia [J]. Law and Society Review, 2004, 38 (3): 513-548.

[205] TROPP L R, WRIGHT S. Ingroup identification and relative deprivation: An examination across multiple social comparisons [J]. European Journal of Social Psychology, 1999, 29 (5-6): 707-724.

[206] TURNER J C, HOGG M A, OAKES P J, et al. Rediscovering the Social Group: A Self-categorization Theory [M]. New York: Basil Blackwell, 1987.

[207] TURNER R H, KILLIAN L M. Collective Behavior [M]. 2nd ed. Englewood Cliffs: Prentice-Hall, 1972.

[208] TYLER T R. The psychology of procedural justice: A test of the group-value model [J]. Journal of Personality and Social Psychology, 1989, 57 (5): 830-852.

[209] TYLER T R. The psychology of legitimacy: A relational perspective on voluntary deference to authorities [J]. Personality and Social Psychology Review, 1997, 1 (4): 323-345.

[210] TYLER T R. Psychological perspectives on legitimacy and legitimation [J]. Annual Review of Psychology, 2006, 57: 375-400.

[211] TYLER T R, BLADER S L. The group engagement model: Procedural justice,

social identity, and cooperative behavior [J]. Personality and Social Psychology Review, 2003, 7 (4): 349-361.

[212] TYLER T R, CAINE A. The influence of outcomes and procedures on satisfaction with formal leaders [J]. Journal of Personality and Social Psychology, 1981, 41 (4): 642-655.

[213] TYLER T R, HUO Y J. Trust in the Law: Encouraging Public Cooperation with the Police and Courts [M]. New York: Russel Sage, 2002.

[214] TYLER T R, JACKSON J. Future challenges in the study of legitimacy and criminal justice [C]. Yale Law School, Social ence Electronic Publishing, 2013.

[215] TYLER T R, JACKSON J. Popular legitimacy and the exercise of legal authority: Motivating compliance, cooperation, and engagement [J]. Psychology, Public policy, and Law, 2014, 20 (1): 78.

[216] TYLER T R, LIND E A. A relational model of authority in groups [J]. Advances in Experimental Social Psychology, 1992, 25, 115-191.

[217] TYLER T R, RAWES R. Justice in Organized Group: Comparing the Self-interest and Social Identity Perspectives [M] //MELLERS B. Distrbutive Justice. Cambridge: Cambridge University Press, 1993.

[218] VAN D B K. Uncertainty management: The influence of uncertainty salience on reactions to perceived procedural fairness [J]. Journal of Personality and Social Psychology, 2001, 80 (6): 931-941.

[219] VAN DER TOORN J, TYLER T R, JOST J T. More than fair: Outcome dependence, system justification, and the perceived legitimacy of authority figures [J]. Journal of Experimental Social Psychology, 2011, 47 (1): 127-138.

[220] VAN DIJKE M, DE CRMER D, MAYER D M. The role of authority power in explaining procedural fairness effects [J]. Journal of Applied Psychology, 2010, 95 (3): 488-502.

[221] VAN STEKELENBURG J, KLANDERMANS B. Individuals in Movements Handbook of Social Movements Across Disciplines [M]. New York: Springer, 2010.

[222] VAN ZOMEREN M, LEACH C W, SPEARS R. Protesters as "passionate economists": A dynamic dual pathway model of approach coping with collective disadvantage [J]. Personality and Social Psychology Review, 2012, 16 (2): 180-199.

[223] VAN ZOMEREN M, POSTMES T, SPEARS R. Toward an integrative social identity model of collective action: A quantitative research synthesis of three socio-psychological perspectives [J]. Psychological Bulletin, 2008, 134 (4): 504-535.

[224] VAN ZOMEREN M, POSTMES T, SPEARS R. On conviction's collective consequences: Integrating moral conviction with the social identity model of collective action [J]. British Journal of Social Psychology, 2011, 51 (1): 52-71.

[225] VAN ZOMEREN M, SPEARS R, FISCHER A H, et al. Put your money where your mouth is! Explaining collective action tendencies through group-based anger and group efficacy [J]. Journal of Personality and Social Psychology, 2004, 87 (5): 649-664.

[226] VAN ZOMEREN M, SPEARS R, LEACH C W. Exploring psychological mechanisms of collective action: Does relevance of group identity influence how people cope with collective disadvantage? [J]. British Journal of Social Psychology, 2008, 47 (2), 353-372.

[227] VON ZOMEREN M , SPEARS R, LEACH C W. Experimental evidence fora dual pathway model analysis of coping with the climate crisis [J]. Journal of Environmental Psychology, 2010, 30 (4): 339-346.

[228] VECCHIO R P, GOBDEL B C. The vertical dyad linkage model of leadership: Problems and prospects [J]. Organizational Behavior and Human Performance, 1984, 34 (1): 5-20.

[229] VELASQUEZ A, LAROSE R. Youth collective activism through social media: The role of collective efficacy [J]. New Media and Society, 2015, 17 (6): 899-918.

[230] WALKER H A, ZELDITCH M. Power, legitimacy, and the stability of authority: A theoretical research program [C] //BERGER J, ZELDITCH M. Theoretical Research Programs: Studies in the Growth of Theory. Stanford: Stanford University Press, 1993: 364-381.

[231] WALKER I, SMITH H J. Relative Deprivation: Specification, Development, and Integration [M]. Cambridge: Cambridge University Press, 2002.

[232] HATFIELD E, WALSTER G W, BERSCHEID E. Equity: Theory and Research [M]. Boston: Allyn and Bacon, 1978.

[233] WEBER M. Economy and Society: An Outline of Interpretive Sociology [M]. Berkeley: University of California Press, 1978.

[234] WEGENER D T, PETTY R E. Flexible correction processes in social judgment: The role of naive theories in corrections for perceived bias [J]. Journal of Personality and Social Psychology, 1995, 68 (1): 36-51.

[235] WEISBUCH M, PAUKER K, AMBADY N. The subtle transmission of race bias via televised nonverbal behavior [J]. Science, 2009, 326 (18): 1711-1714.

[236] WHYTE M K, HAN C. Popular attitudes toward distributive injustice: Beijing and Warsaw compared [J]. Journal of Chinese Political Science, 2008, 13 (1): 29-51.

[237] WHYTE M K, IM D K. Is the social volcano still dormant? Trends in Chinese attitudes toward inequality [J]. Social Science Research, 2014, 48: 62-76.

[238] WILLIAMSON O E. Calculativeness, trust, and economic organization [J]. Journal of Law and Economics, 1993, 36 (1, Part 2): 453-486.

[239] WILSON T D, LINDSEY S, SCHOOLER T Y. A model of dual attitudes [J]. Psychological Review, 2000, 107 (1): 101-126.

[240] WOLFF L S, SUBRAMANIAN S V, ACEVEDO-G D, et al. Compared to whom? Subjective social status, self-rated health, and referent group sensitivity in a diverse U. S. sample [J]. Social Science & Medicine, 2010, 70 (12): 2019-2028.

[241] WORCHEL P, HESTER P G, KOPALA P S. Collective protest and legitimacy of authority theory and research [J]. Journal of Conflict Resolution, 1974, 18 (1): 37-54.

[242] WRIGHT S C. The next generation of collective action research [J]. Journal of Social Issues, 2009, 65 (4): 859-879.

[243] XU M, ZHANG S, LI X, et al. Implicit trust between the Uyghur and the Han in Xinjiang, China [J]. Plos One, 2013, 8 (8): 14102-14109.

[244] ZELDITCH M. Processes of legitimation: Recent developments and new directions [J]. Social Psychology Quarterly, 2001, 64 (1): 4-17.

[245] ZELDITCH M. The legitimacy of regimes [J]. Advances in Group Processes, 2003, 20 (20): 217-249.

[246] ZHANG S W, WANG E P, CHEN Y W. Relative deprivation based on occupation: An effective predictor of Chinese life satisfaction [J]. Asian Journal of Social Psychology, 2011, 14 (2): 148-158.